CB064649

A BATALHA DOS PODERES

OSCAR VILHENA VIEIRA

A batalha dos poderes
Da transição democrática ao mal-estar constitucional

2ª reimpressão

COMPANHIA DAS LETRAS

Copyright © 2018 by Oscar Vilhena Vieira

Grafia atualizada segundo o Acordo Ortográfico da Língua Portuguesa de 1990, que entrou em vigor no Brasil em 2009.

Capa
Kiko Farkas e Felipe Sabatini/ Máquina Estúdio

Imagem de capa
Leonardo Finotti

Checagem
Érico Melo

Preparação
Alexandre Boide

Revisão
Clara Diament
Angela das Neves

Dados Internacionais de Catalogação na Publicação (CIP)
(Câmara Brasileira do Livro, SP, Brasil)

Vieira, Oscar Vilhena
   A batalha dos poderes : Da transição democrática ao mal-estar constitucional / Oscar Vilhena Vieira. — 1ª ed. — São Paulo : Companhia das Letras, 2018.

   ISBN 978-85-359-3181-5

   1. Constituição 2. Constituição — 1988 — Brasil 3. Crises — Brasil 4. Política e governo I. Título.

18-20461   CDD-342.4 (81)

Índice para catálogo sistemático:
1. Brasil : Constituição   342.4 (81)

Cibele Maria Dias – Bibliotecária – CRB-8/9427

Todos os direitos desta edição reservados à
EDITORA SCHWARCZ S.A.
Rua Bandeira Paulista, 702, cj. 32
04532-002 — São Paulo — SP
Telefone: (11) 3707-3500
www.companhiadasletras.com.br
www.blogdacompanhia.com.br
facebook.com/companhiadasletras
instagram.com/companhiadasletras
twitter.com/cialetras

Para Beatriz

Sumário

Introdução 9

1. A Constituição em tempos bicudos 15
2. A ideia de constituição 69
3. Do compromisso maximizador à resiliência
   constitucional 132
4. Supremocracia em crise 161

Conclusão 215
Notas 219

Introdução

Escrever sobre os trinta anos da experiência constitucional brasileira foi uma tarefa mais complicada do que eu imaginava inicialmente. Por ter me formado no mesmo ano em que a Constituição foi promulgada e passado os últimos trinta anos estudando, escrevendo e ensinando direito constitucional, além de me dedicar à defesa dos direitos reconhecidos pela Constituição de 1988, imaginei que seria simples refazer esse percurso. Ledo engano. A grave crise política que se estabeleceu a partir de 2013, com forte impacto sobre o funcionamento das instituições constitucionais, dificultou meu plano de fazer um balanço sereno dessas últimas três décadas. O que ofereço ao leitor, portanto, é uma leitura da experiência constitucional brasileira em seu contexto a partir deste turbulento trigésimo ano de vigência do pacto de 1988.

As constituições têm sido um objeto de interesse predominante dos juristas, e eventualmente dos cientistas políticos, ao longo da história. Em momentos de maior tensão política e institucional, no entanto, muitos se dão conta de que nossos destinos — não apenas político, econômico e social, mas também nossas aspirações sobre quem somos e como queremos levar nossas vidas — estão diretamente relacionados à vitalidade do pacto que nos constitui como sociedade.

As constituições, mais do que um conjunto de normas superiores, são dispositivos que aspiram habilitar a democracia, regular o exercício do poder e estabelecer parâmetros de justiça que devem pautar a relação entre as pessoas e entre os cidadãos e o Estado. Nesse sentido, são mecanismos pelos quais nos comprometemos a enfrentar nossos problemas e coordenar nossos conflitos de forma pacífica e democrática.

A transição para a democracia no Brasil exigiu um grande processo de coordenação política entre diferentes classes, forças políticas e setores da sociedade, que resultou num ambicioso compromisso constitucional firmado em 1988. O alto grau de desconfiança entre essas diversas forças presentes na Assembleia Constituinte favoreceu a elaboração de um documento amplo e detalhista. Também levou à transferência de enormes poderes para as instituições de aplicação da lei, para que pudessem zelar pelo respeito ao pacto constitucional.

Ao longo dessas três últimas décadas, a Constituição não apenas contribuiu para a consolidação da democracia, a modernização das relações sociais e a implementação incremental de seus objetivos, como também demonstrou uma resiliência surpreendente, adaptando-se a diversos imperativos de natureza econômica, política e social, por intermédio de reformas, assim como de uma ativa atuação do Supremo Tribunal Federal.

As vastas manifestações que tomaram as ruas de nossas cidades em 2013 colocaram em xeque a estabilidade de um sistema político que parecia consolidado. De um lado, houve um choque entre o presidencialismo de coalizão, que foi se degenerando ao longo do tempo, e as instituições de aplicação da lei, que foram se tornando mais autônomas e ambiciosas. De outro, os direitos fundamentais e todo um conjunto de políticas públicas, que vinham induzindo inúmeras transformações positivas na sociedade brasileira nas últimas décadas, viram-se subitamente ameaçados por um crescente descontrole fiscal, em grande medida ligado a gastos de natureza regressiva.

Imergimos, então, numa severa crise política, com forte impacto no padrão de funcionamento das instituições. A disputa política e institucional tornou-se mais polarizada, e a sociedade, mais intolerante e conflitiva. Para muitos, nosso sistema constitucional entrou em crise. A batalha dos poderes, no entanto, tem sido travada a partir da retórica constitucional, ainda que utilizada de forma estratégica e eventualmente distorcida e cínica. Os sucessivos escândalos de corrupção, a crise econômica, o acirramento do conflito distributivo associados ao descrédito dos partidos e das instituições políticas abriram espaço para lideranças e discursos hostis aos valores e princípios estabelecidos pelo pacto constitucional de 1988.

A superação do mal-estar constitucional imporá um enorme esforço de coordenação e concertação política nos próximos anos. Como nos alertam Steven Levitsky e Daniel Ziblatt, as constituições não se salvam sozinhas. Sem que os diversos setores da sociedade brasileira, assim como as principais lideranças políticas e institucionais, estejam dispostos a pautar suas condutas pelas regras e procedimentos oferecidos pela Constituição, não sairemos da armadilha em que nos metemos nos últimos anos.

Este livro foi mandado à gráfica no dia em que a Constituição completou 30 anos.

Embora curto, este livro não teria sido escrito sem o incentivo, o apoio e a colaboração de muitas pessoas. Começo por agradecer a Lilia Schwarcz, que, após as manifestações de 2013, me provocou a escrever um livro sobre a Constituição, destinado ao público jovem. Com o acirramento da crise e o uso cada vez mais instrumental que os atores políticos e institucionais passaram a fazer do texto constitucional, tive dificuldade de encontrar o tom adequado e adiei o projeto.

Somente no final de 2017 retomei a conversa com a Companhia das Letras, agora por intermédio de Ricardo Teperman, e propus saldar minha dívida escrevendo um conjunto de ensaios sobre nossa experiência constitucional no contexto de seu trigésimo aniversário. Ao longo desse processo, Ricardo se demonstrou um leitor generoso, um interlocutor crítico e um editor extremamente cuidadoso e paciente. Com gentileza, me colocou a remover diversas pedras que eu havia derrubado no caminho do leitor. Também na Companhia das Letras, gostaria de agradecer o trabalho de revisão primoroso realizado por Lucila Lombardi e sua equipe.

Como *global fellow* do Woodrow Wilson Center, no ano de 2018, tive o privilégio de passar algumas semanas em Washington, onde a estrutura básica do livro foi colocada de pé. Paulo Sotero não foi apenas um anfitrião pródigo, mas também um interlocutor agudo, comprometido e entusiasmado com o Brasil, mesmo nestes tempos bicudos. Também em Washington agradeço ao professor e juiz Peter Messitte, que me ofereceu o conforto de sua sala, na faculdade de Direito da American University, enquanto se dedicava a analisar um dos casos mais contundentes contra a administração Trump.

A conclusão deste livro, em especial o capítulo que busca compreender as raízes e a natureza da crise em que imergimos, também foi escrita à distância dos embates. Agradeço a meu querido amigo e colega Octávio Ferraz Jr., que, além de disponibilizar sua magnífica sala na Escola de Direito do King's College, despendeu tempo e energia para me ajudar a decifrar a experiência constitucional brasileira.

Esses dois pequenos sabáticos só foram possíveis graças à liberalidade do professor Carlos Ivan Simonsen Leal, presidente da Fundação Getulio Vargas, que me encorajou a levar a cabo essa empreitada, e à enorme disposição de minha amiga Adriana Ancona de Faria, que, além de assumir minhas responsabilidades na Escola de Direito da FGV, tem sido uma refinada analista da vida constitucional brasileira, com quem tenho tido o privilégio de dialogar cotidianamente.

À jovem pesquisadora do Supremo em Pauta, da FGV Direito SP, Ana Laura Barbosa, agradeço pelo rigoroso trabalho de pesquisa e apoio na produção do texto. Também imprescindível foi a dedicação de Eliana Rego, que, além de me auxiliar com o manuscrito, assegurou todos os espaços possíveis em minha agenda para que eu pudesse me dedicar ao livro no primeiro semestre de 2018. Tenho que agradecer ainda aos meus queridos amigos e colegas da FGV Direito SP, em especial Dimitri Dimoulis e Rubens Glezer, com os quais desenvolvi várias das ideias aqui presentes, como a de resiliência constitucional; agradeço ainda a Roberto Dias, Thiago Amparo, Ronaldo Porto Macedo Jr., André Corrêa, José Garcez Ghirardi, Emerson Fabiani, Eloísa Machado de Almeida, Heloisa Estellita, Theo Dias e o queridíssimo Antonio Angarita, pelo contínuo, frutífero e intenso diálogo sobre os destinos de nossa democracia constitucional. Devo agradecimentos especiais ao meu amigo Pedro Paulo Poppovic e a meu pai, José Oswaldo Pereira Vieira, pela leitura aguda que fizeram dos originais antes de seguirem para a editora, com a perspectiva de quem acompanha a política brasileira desde a crise do segundo governo Vargas.

Alguns dos capítulos do livro, em especial os ensaios sobre o compromisso maximizador e sobre a crise aberta em 2013, foram discutidos em seminários generosamente organizados na Faculdade de Direito da Universidade Yale, nos Estados Unidos; no Transnational Law Institute, do King's College, e no Bingham Centre for the Rule of Law, em Londres; na LexDebata, em Portugal; no Woodrow Wilson Center e no Washington College of Law, em Washington DC. Agradeço aos professores Owen Fiss, Bruce Ackerman, Daniel Marcovitch, Timothy Power, Christina Murray e, mais uma vez, Octávio Ferraz Jr. e Peter Messitte, pelas sugestões, críticas e comentários ao meu trabalho. Tive o privilégio de discutir meu capítulo sobre a supremocracia no Instituto Victor Nunes Leal, a convite de Lúcia de Toledo Piza Peluso, e pude contar com os comentários valiosos dos ex-ministros do STF Sepúlveda Pertence, Carlos Ayres Britto e Antonio Cezar Peluso.

Por fim, meus maiores agradecimentos vão para minhas filhas Clara e Luiza e, sobretudo, minha esposa e companheira de vida, Beatriz, que foram extremamente condescendentes com minhas ausências físicas e bem-humoradas com as ausências mentais. Sem o apoio, o diálogo, o carinho e a fortaleza dessas três mulheres, este livro e tantas outras coisas não teriam sido realizados em minha vida.

1. A Constituição em tempos bicudos

Os protestos que tomaram as ruas das principais cidades brasileiras em junho de 2013 foram uma expressão surpreendente da disposição de muitos setores da sociedade, em especial dos mais jovens, de exigir o cumprimento das promessas feitas pela Constituição de 1988 nos campos dos direitos fundamentais, da democracia e do estado de direito. Ao repudiarem de forma tão ampla e veemente o comportamento de partidos e lideranças, as manifestações desestabilizaram o que parecia ser o sólido equilíbrio adquirido pelo sistema político brasileiro a partir do pacto constitucional que selou nosso processo de transição.

A partir de 2013, no entanto, o embate político tornou-se mais duro e intolerante. A competição eleitoral foi se radicalizando. O padrão conciliador, que tradicionalmente marcou o relacionamento entre as elites políticas e os poderes no Brasil, foi substituído por uma postura conflitiva.[1] Também o direito e suas instituições passaram a colidir com a política numa frequência antes desconhecida, instaurando um cabo de guerra entre o estamento[2] jurídico e o corpo político.

Prerrogativas institucionais e mandatos políticos passaram a ser utilizados de forma mais incisiva, ora com o objetivo de assegurar o estado de direito e a integridade do jogo democrático, ora apenas com a finalidade de debilitar adversários ou entrincheirar-se no poder, à margem de maiores considerações de interesse público.[3] Passamos a viver, da perspectiva constitucional, tempos bicudos,[4] em que a coordenação política parece ter sido substituída por uma constante e recíproca retaliação institucional, em que ferramentas voltadas à estabilização de expectativas jurídicas e procedimentos concebidos para favorecer a competição democrática passaram, em determinadas circunstâncias, a ser empregados como facas afiadas na luta pelo poder. A questão no momento é saber se a democracia constitucional que se demonstrou surpreendentemente resiliente nas últimas décadas, inclusive ao longo dos últimos cinco anos, resistirá aos novos desafios e ameaças que se apresentarão após as eleições de 2018.[5]

Os últimos cinco anos têm sido marcados por uma forte turbulência política, sobretudo pelo aumento da intolerância e da hostilidade, que até o momento não transbordaram em desordem e violência generalizadas. Mesmo nos momentos de maior tensão, como o impeachment da ex-presidente Dilma Rousseff, o julgamento da chapa Dilma-Temer no TSE, a prisão do ex-presidente Luiz Inácio Lula da Silva, que culminou com sua inelegibilidade, ou o atentado à vida do candidato Jair Bolsonaro, não houve convulsão social ou violência generalizada. Talvez a paralisação dos caminhoneiros entre maio e junho de 2018 tenha sido o momento em que as instituições se mostraram mais vulneráveis.

Apesar da tensão latente, não se pode desprezar o fato de que a validade das ações jurídicas e políticas continuou a ser disputada a partir da gramática constitucional, dentro e fora das instituições. Fora, por intermédio do direito de protesto e liberdade de expressão. Dentro, por intermédio de uma interminável batalha eleitoral, judicial e congressual, ainda que de maneira bruta e mesmo cínica em diversas oportunidades. Isso indica que, embora estejamos vivendo uma forte turbulência, não imergimos numa clássica crise constitucional, em que as instituições criadas com a finalidade de habilitar a democracia perderam por completo sua capacidade de mediar os conflitos e favorecer a coordenação do jogo político.[6] Por outro lado, a radicalização política, os atos pontuais, mas gravíssimos, de violência, o crescimento de uma retórica da intolerância, o constante desafio às decisões judiciais e, sobretudo, a ascensão de uma liderança com um discurso expressamente hostil aos valores constitucionais sinalizam que nossa democracia constitucional já pode estar vivendo um momento de regressão. O objetivo deste capítulo é tentar compreender as características e a natureza dessa crise, da perspectiva da Constituição.

Se o aumento dos preços das passagens de ônibus e metrô na cidade de São Paulo foi a faísca que deu origem à primeira onda de protestos em 2013, as demandas veiculadas ao longo daquelas jornadas apontaram para questões mais profundas e estruturais de nossa democracia. As manifestações de junho foram a expressão de uma aparente contradição de nossa experiência constitucional. De um lado, os jovens se insurgiam contra a insuficiência das políticas sociais, as falhas na representação política, a sistêmica corrupção eleitoral, além da impunidade e falta de imparcialidade na aplicação da lei. Apontavam, assim, para um certo insucesso da experiência constitucional de 1988. De outro lado, os protestos foram uma consequência dos avanços alcançados a partir da Constituição. A perspectiva de que as melhorias das condições de vida e mesmo de progresso econômico experimentadas nas últimas décadas estavam sob ameaça fez com que uma nova geração, beneficiada por esses avanços e socializada dentro da democracia constitucional vigente, fosse livremente às ruas reivindicar a efetivação de seus direitos e o aprofundamento das políticas sociais, além de exigir dos atores políticos um comportamento mais ético e representativo.

Como Alexis de Tocqueville nos alertou há muito e Barrington Moore Jr. confirmou no seu clássico estudo sobre as bases sociais da revolta, os levantes não necessariamente ocorrem em momentos de maior injustiça, mas sobretudo em períodos em que melhoras sensíveis nos padrões de vida da população declinam ou são colocadas em risco; em que as melhorias conquistadas se veem em xeque.[7] A percepção de que a progressiva implementação dos direitos estava ameaçada e de que a representação democrática, que tinha permitido ao país avançar ao longo de mais de duas décadas, estava corroída pela corrupção eleitoral contribuíram para que milhões de pessoas fossem às ruas. Não se tratou, portanto, de um movimento revolucionário, que propunha uma transformação do sistema econômico ou mesmo político, mas sim de um movimento que exigia o que havia sido prometido pela Constituição e pelos governantes ao longo das últimas décadas. A reivindicação era de que a implementação incremental e progressiva dos direitos sociais à saúde, à educação, à moradia e aos transportes, previstos na Constituição, não fosse interrompida; de que a lei fosse aplicada a todos, de maneira imparcial, rompendo-se o ciclo de impunidade dos poderosos; também havia o clamor por um sistema político mais representativo, íntegro e "responsivo".

As jornadas de 2013 parecem ter catalisado as contradições de uma sociedade em processo de transformação. Foi um choque entre grupos, gerações, setores e instituições em torno do projeto de democracia constitucional iniciado em 1988. A complexidade do movimento é que foram diluídas as fronteiras entre os que estavam comprometidos no processo de inclusão social, redução da pobreza, fortalecimento da democracia e do respeito à lei e os setores representativos de uma forma arcaica de fazer política, patrimonialista, fisiológica e oligárquica, que resiste em sair de cena e perder seus privilégios.

Nestes cinco anos que sucederam junho de 2013, o sistema político brasileiro perdeu seu prumo. O Brasil passou a viver um forte processo de polarização de sua vida política. Em 2014 tivemos a mais acirrada e conflitiva eleição desse ciclo democrático. Marcada por uma conduta irresponsável do partido governista, que contribuiu para o agravamento da crise fiscal, com acentuado impacto sobre o emprego e as políticas sociais. A vitória de Dilma Rousseff foi contestada pelo candidato derrotado, Aécio Neves, abrindo um perigoso precedente de descompromisso com o resultado do pleito eleitoral num sistema de competição política que já se tomava como estabilizado. Aécio acusou a chapa vitoriosa de uma série de abusos no processo eleitoral, práticas pelas quais ele também foi denunciado.

A partir da Operação Lava Jato, impulsionada pelos protestos, o país foi conhecendo um largo esquema de corrupção eleitoral, envolvendo os principais partidos políticos que ocuparam o poder desde o processo de redemocratização. As ruas voltaram a ser ocupadas em 2015. O público não era mais o mesmo, ainda que muitos que se mobilizaram contra a corrupção e apoiavam a continuidade da Operação Lava Jato, em 2013, tenham retornado aos protestos. No entanto, os que se manifestaram em 2013 por melhorias nos serviços públicos, como saúde, educação e transporte, foram em parte substituídos por grupos que pediam a renúncia ou o impeachment da então presidente e a substituição da chamada "nova matriz econômica" por uma agenda econômica liberalizante.[8] Nesse momento ressurgem no cenário político brasileiro grupos reivindicando o retorno dos militares ao poder, abrindo uma primeira fissura no tecido democrático.

Premida pela crise fiscal, a ex-presidente Dilma fez um giro de 180 graus logo após a eleição, nomeando Joaquim Levy, representante do sistema financeiro, para o Ministério da Fazenda, adotando a política econômica proposta por seus principais adversários e assim configurando um "estelionato eleitoral", no dizer de Celso Rocha de Barros, o que gerou desgaste em seu próprio partido.[9] Pouco tempo depois a presidente novamente mudou a direção da economia, aprofundando o seu projeto desenvolvimentista. Com o agravamento da crise econômica e social daí decorrente, aprofundou-se a desconfiança de amplos setores da classe média e do empresariado, estimulando o MDB, até então principal aliado e sócio do governo nas gestões de Luiz Inácio Lula da Silva e Dilma Rousseff, em que Michel Temer ocupou a vice-presidência, a abandonar o governo e passar a conspirar contra o mandato da presidente. O resultado foi o controvertido impeachment de Dilma Rousseff e a ascensão do MDB ao poder. O avanço das investigações da Operação Lava Jato sobre membros do novo governo e seus aliados, a revelação das gravações contendo um diálogo comprometedor entre o empresário Joesley Batista e Michel Temer, e o oferecimento de duas denúncias criminais contra o presidente pela Procuradoria-Geral da República deixaram claro que a substituição de Dilma não alcançaria os mesmos efeitos de estabilização do sistema político obtidos com o impeachment de Fernando Collor de Mello.

Os responsáveis pela Operação Lava Jato reagiram às críticas sobre a sua eventual seletividade com a ampliação do espectro político dos investigados. Isso favoreceu uma inusitada aliança entre antigos adversários, agora unidos por um novo inimigo comum e por um mesmo objetivo: barrar as investigações, obstaculizar responsabilizações e, se possível, reverter condenações.[10] Os diversos setores afetados pela Lava Jato passaram então a buscar aliados dentro do sistema de justiça, com o objetivo de reverter o que se convencionou chamar de processo de "criminalização da política". A consequência mais tangível desse realinhamento entre setores da elite política afetados pela Lava Jato e setores do estamento jurídico desconfortáveis com os rumos da operação foi o julgamento da chapa Dilma-Temer pelo Tribunal Superior Eleitoral, que decidiu pela não impugnação da chapa e consequente manutenção de Michel Temer na Presidência da República. Nessa mesma direção, houve um aumento da tensão dentro do Supremo Tribunal Federal, entre ministros que referendavam medidas cruciais para a Lava Jato, como a prisão de réus condenados em segunda instância, e outros que têm questionado e, quando possível, revertido decisões anteriores que favoreceram os avanços da operação.

Diversas têm sido as interpretações sobre as causas e a natureza da crise que foi desencadeada a partir de junho de 2013. Num contexto de alta complexidade e forte polarização política, assistimos a uma batalha de narrativas. De um lado se colocam aqueles que entendem que a ordem constitucional brasileira vem sendo duramente atacada por uma série de "golpes" que culminaram com o afastamento ilegítimo da ex-presidente Dilma Rousseff do poder, assim como com o "impeachment preventivo" do ex-presidente Luiz Inácio Lula da Silva, preso e impedido de se candidatar nas eleições de 2018. Essa ruptura institucional seria consequência, de acordo com André Singer, de um conflito entre pobres e ricos que estruturaria a política brasileira. A dificuldade do PSDB, partido que representa a classe média e os ricos, de vencer o PT, representante dos mais pobres, nas eleições presidenciais teria estimulado uma postura "golpista", como ocorreu na República de 1946, em que a UDN, sistematicamente derrotada nos pleitos eleitorais para a Presidência, não se constrangia em conspirar e assumir um comportamento antidemocrático. Singer, embora não afaste, minimiza a importância de fatores conjunturais como graves erros na condução da política econômica, assim como escândalos de corrupção, que entende terem sido apenas parcialmente apurados pelo que denomina "Partido da Justiça" na desestabilização do governo.[11] Ressalta, no entanto, que as raízes da crise são estruturais, decorrentes do confronto entre classes, e sua natureza, constitucional, na medida em que levou a uma ruptura das regras do jogo.

Para os que se valem de uma narrativa contraposta, a crise política em que estamos imersos não configuraria uma ruptura da ordem constitucional. Ao contrário, resulta de um processo de amadurecimento das instituições, em especial as responsáveis pela aplicação da lei. À medida que as agências de controle se tornaram mais eficientes e autônomas, os espaços de ação da política patrimonialista foram se reduzindo. Conforme argumenta Marcus André Melo, o impeachment de Dilma teria decorrido, sobretudo, da associação entre um devastador escândalo de corrupção, trazido à luz pela Operação Lava Jato, e uma profunda crise econômica, com graves consequências sociais.[12] Marcus Melo mitiga inclusive a ideia de que a crise derivaria de uma deficiência do presidencialismo de coalizão, muito embora reconheça os enormes custos impostos pela hiperfragmentação partidária e o alto grau de heterogeneidade na formação da base de sustentação parlamentar do governo no Brasil.

Duas são as questões que se colocam a partir desse debate. A primeira diz respeito às razões que contribuíram para a desestabilização de nossa vida política; estão associadas a um conflito estrutural entre ricos e pobres, a uma conjuntura econômica e política, a uma crise de natureza ética,[13] ou, ainda, são reflexo das deficiências no próprio desenho institucional? A segunda questão refere-se à natureza da crise. Vivemos uma crise constitucional, em que os atores políticos e institucionais abdicaram de pautar suas condutas em conformidade com as regras e procedimentos estabelecidos pela Constituição, colocando em risco a própria sobrevivência do regime, ou estamos submetidos a uma crise de natureza política que, em função de sua gravidade, tem gerado um forte impacto sobre o modo de comportamento das instituições, favorecendo condutas mais conflitivas e heterodoxas que, embora não ameacem de morte o regime, apontam para um novo padrão de funcionamento do sistema político criado em 1988? Esse novo padrão é uma forma degradada de jogo constitucional ou uma transição turbulenta para um arranjo de freios e contrapesos mais vigoroso e um sistema representativo menos corrupto?

RAÍZES INSTITUCIONAIS DA CRISE

Múltiplos são os fatores que contribuíram para os protestos de 2013 e a crise por eles desencadeada, que não se excluem mutuamente. Decerto a crise econômica, com graves repercussões sociais, teve um forte impacto sobre a estabilidade do governo. Também é inegável que os sucessivos escândalos de corrupção contribuíram para aumentar a desconfiança no sistema político. Por sua vez, o conflito entre ricos e pobres, num país tão desigual como o Brasil, sempre tensionará a disputa política, favorecendo condutas populistas e oportunistas. Da perspectiva constitucional, empregada neste livro, cumpre buscar detectar características de nosso arranjo constitucional que podem ter contribuído para os desarranjos na "casa de máquinas" de nossa democracia[14] e tentar entender se isso coloca em risco a própria sobrevivência do projeto constitucional lançado em 1988.

A atual Constituição resultou do mais amplo e democrático pacto firmado entre os múltiplos setores da sociedade brasileira ao longo de sua história. Reativos a um regime autoritário, os constituintes buscaram assegurar uma generosa carta de direitos e fragmentar o exercício do poder, criando um sistema político de caráter altamente consensual, de forma a exigir a coordenação entre os diversos poderes e segmentos políticos para que o governo pudesse funcionar. Como buscarei demonstrar no capítulo 3, a elaboração de nossa Constituição deu-se num contexto de forte desconfiança entre os grupos e as forças políticas que participaram do processo de transição, daí a estratégia de buscarem proteger ao máximo ambições e interesses, entrincheirando-os no texto da Constituição na forma de um ambicioso conjunto de políticas públicas e também no fortalecimento do sistema de freios e contrapesos. Nessa direção, os constituintes buscaram fortalecer as agências de aplicação da lei, com o objetivo de ampliar os mecanismos de proteção dos compromissos assumidos durante o processo constituinte.

Imersos numa cultura política corporativista e patrimonialista,[15] os constituintes não se descuidaram, por outro lado, de inserir no texto da Constituição privilégios, interesses de grupos e setores econômicos, assim como prerrogativas institucionais e corporativas. O resultado dessa estratégia maximizadora[16] foi uma Constituição ambiciosa, ubíqua e detalhista. Em termos políticos, criou um modelo marcado por um sistema partidário bastante fragmentado e pelo fortalecimento das instâncias de controle e aplicação da lei, com múltiplas possibilidades de veto sobre as decisões majoritárias. No que se refere ao arbitramento dos conflitos distributivos, a Constituição conjuga direitos sociais de viés progressista com inúmeros mecanismos regressivos que favorecem a concentração de riquezas nas mãos de alguns setores. Esse compromisso maximizador funcionou como uma espécie de "seguro" no decorrer do processo de transição e consolidação da democracia, possibilitando que as diversas classes sociais, correntes políticas e ideológicas e grupos de interesse se dispusessem a coordenar os seus conflitos por intermédio das regras estabelecidas pela Constituição.¹⁷ Como todos saíram ganhando em alguma medida, o custo da defecção tornou-se muito alto, criando um forte incentivo para permanecerem a bordo.¹⁸

Essa estratégia vinha se demonstrando extremamente bem-sucedida na manutenção da lealdade dos distintos segmentos do espectro político ao processo democrático. Ao longo de mais de duas décadas, todas as forças políticas relevantes participaram do jogo político traçado pela Constituição de 1988, sem desafiá-la. O calendário eleitoral foi respeitado, garantindo alternância de grupos adversários no poder e permitindo que distintas políticas fossem incrementalmente implementadas pelos sucessivos governos. A amplidão constitucional não se mostrou um obstáculo às reformas e adaptações propostas pelos sucessivos governos — foram mais de cem emendas em trinta anos. A decisão do constituinte de conferir distinta rigidez às cláusulas nucleares da Constituição, que asseguram as estruturas básicas do estado democrático de direito (cláusulas pétreas), e àquelas que estabelecem políticas e regras organizacionais menos relevantes permitiu que a Constituição pudesse ser constantemente adaptada sem que o seu cerne fosse colocado em risco.¹⁹ Em resumo, a Constituição demonstrou-se, ao longo de mais de duas décadas, um instrumento resiliente, desafiando prognósticos pessimistas sobre a viabilidade do sistema constitucional arquitetado em 1988.

Isso não significa, porém, que algumas dessas escolhas institucionais que favoreceram o compromisso dos diversos setores da sociedade, assim como dos atores políticos e institucionais, com as regras estabelecidas pela Constituição também não estejam na origem da crise em que mergulhamos a partir de 2013.

Dois foram os conflitos de natureza institucional que, a meu ver, contribuíram de maneira mais direta para a crise aberta pelos protestos. O primeiro deles se refere à crescente tensão entre o presidencialismo de coalizão, que foi se degradando a partir de 2005, e o sistema de controle e aplicação da lei, que foi se tornando mais autônomo, como se constatou a partir do julgamento do mensalão. Nesse sentido, trata-se de uma tensão entre o estamento jurídico e a classe política.

A segunda tensão institucional que colaborou para as revoltas de 2013 tem origem em conflitos distributivos associados ao confronto entre os gastos decorrentes de políticas públicas e direitos sociais, de natureza progressiva, e os crescentes gastos decorrentes de privilégios e interesses setoriais, de natureza regressiva.

Comecemos pelo confronto entre a política e o direito. Para muitos cientistas políticos, entre os quais Giovanni Sartori, a conjugação de presidencialismo e um regime multipartidário, decorrente do sistema proporcional para a eleição da Câmara dos Deputados, constitui um enorme problema, pois leva necessariamente a impasses e, no limite, à paralisia decisória.[20] A lógica é simples: por maior que seja a votação do presidente da República, o candidato eleito terá que governar com um parlamento inevitavelmente fragmentado, no qual não é muito improvável que seu partido obtenha uma maioria que lhe garanta a governabilidade. Isso exige do Poder Executivo um contínuo esforço para estabelecer coalizões partidárias que lhe deem sustentação. Dado o alto grau de fragmentação partidária, essas coalizões sempre serão instáveis e custosas. Num regime parlamentarista, isso geraria apenas uma alta taxa de instabilidade dos governos, como na Itália. Num regime presidencialista, em que o chefe de Estado não pode ser substituído quando lhe faltar sustentação parlamentar, o sistema pode provocar a instabilidade do regime, o que é muito mais grave.

Como demonstraram Argelina Cheibub e Fernando Limongi, diante das diversas atribuições conferidas pela Constituição de 1988 ao Poder Executivo, como as medidas provisórias e o poder de controle da agenda legislativa, foi possível aos presidentes Itamar Franco, Fernando Henrique Cardoso e Luiz Inácio Lula da Silva, e mesmo à presidente Dilma Rousseff, ao menos no seu primeiro mandato, governar com certa estabilidade e efetividade.[21] Mais do que isso, não haveria nada de errado no estabelecimento de um governo de coalizão. Nesse sentido, o impasse e a crise não seriam inexoráveis. O regime de coalizão, além do mais, mitiga os riscos do presidencialismo cesarista, em que o presidente tudo pode, sem levar em consideração a vontade dos diversos setores minoritários da sociedade.

Essa leitura, no entanto, esconde alguns problemas, especialmente quando levamos em conta duas características estruturais e interligadas da nossa organização social, que são a profunda e persistente desigualdade e o corporativismo e o patrimonialismo extrativistas.

No sistema brasileiro, as Casas parlamentares, em especial a Câmara dos Deputados, são compostas por uma miríade de partidos, assim como de políticos, que buscam viabilizar-se por intermédio da representação de interesses específicos de corporações públicas e privadas. Dada a natureza do sistema proporcional do voto em lista e especialmente da grande dimensão das circunscrições eleitorais, o custo das eleições é muito alto. A estratégia eleitoral mais efetiva é comprometer-se com interesses de determinados grupos, de forma a obter recursos e espaço na coalizão governamental. Ainda que se conquiste apenas uma pequena participação na base de sustentação do Poder Executivo, incapaz de alterar os rumos programáticos do governo, esse posicionamento estratégico pode ser fundamental para a extração de privilégios e benefícios para os seus representados, além de oferecer enormes oportunidades visando à arrecadação de recursos diretos, derivados de contratos com a administração, para arcar com a eleição seguinte.

Essa representação fragmentária, concentrada em interesses específicos, de natureza predominantemente corporativista e patrimonialista, colide com o mandato presidencial, oriundo da vontade majoritária da população, que em tese impõe ao presidente a defesa de interesses mais gerais, de amplos setores mais vulneráveis e destituídos de capacidade de defesa de seus interesses básicos.

Assim, enquanto os partidos e líderes parlamentares lutam pela sua própria sobrevivência, buscando manter ou ampliar as benesses da indústria nacional, do setor financeiro, do alto funcionalismo ou dos sindicatos patronais e de trabalhadores que representam, o presidente, que depende da conquista e da manutenção do apoio da maioria dos eleitores, se quiser sobreviver no cargo tem também que enfrentar o problema central do bem-estar da maior parte da população, que é predominantemente pobre e desorganizada.

O sucesso de Fernando Henrique Cardoso e de Lula deu-se em função da capacidade de ambos de induzir o Congresso a aprovar políticas que permitiram ao mesmo tempo expandir a economia, atender aos interesses específicos e corporativos e ampliar o bem-estar da população mais carente — seja por intermédio da estabilização econômica, que reduziu o efeito perverso da inflação sobre a renda dos mais pobres, seja por intermédio do crescimento, que ampliou o emprego e a renda média do trabalhador. Com a contribuição das políticas de distribuição estruturadas pela Constituição, como saúde, educação e assistência social, e políticas de ampliação do valor real do salário mínimo, a vida das pessoas de fato melhorou.[22]

Dois fatores, no entanto, contribuíram para que esse equilíbrio entrasse em declínio a partir de meados dos anos 2000. Como veremos de maneira mais detalhada no capítulo 4, as decisões do Supremo Tribunal Federal, em 2006, de derrubar a cláusula de desempenho, que tinham por objetivo impedir a hiperfragmentação do sistema partidário brasileiro, e de impor novas regras de fidelidade partidária, associadas aos benefícios do fundo partidário e tempo gratuito de rádio e televisão, geraram um enorme incentivo para a criação de novos partidos.

Essas mudanças de natureza institucional ampliaram os custos para a construção e manutenção de uma base estável de sustentação para os governos. Com o objetivo de não ficar refém do MDB, o governo Lula passou a incentivar a formação de novos partidos, aproveitando-se das frestas abertas pelo Supremo. Com isso, o sistema partidário avançou para uma situação de hiperfragmentação, em que os três maiores partidos, MDB, PT e PSDB, passaram a contar com não mais do que um terço das cadeiras na Câmara dos Deputados. O Brasil avançou nesse período para o país com maior índice de fragmentação partidária entre as democracias contemporâneas, de acordo com Marcus André Melo.[23] Adicione-se a isso o fato de que as coalizões se tornaram cada vez mais heterogêneas, sem nenhuma base programática. A hiperfragmentação e a heterogeneidade elevam em muito o custo de manutenção da base de sustentação do governo, tanto em termos da eficiência na implementação das políticas públicas como para a manutenção de sua integridade. Nesse sentido, o mensalão, que culminou com a condenação do então ministro-chefe da Casa Civil José Dirceu, do PT, em 2013; o mensalão mineiro, que também levou à condenação, em 2017, do ex-governador Eduardo Azeredo, do PSDB; e, por fim, as diversas condenações relacionadas ao "petrolão", entre as quais a do ex-presidente Lula, em que pesem as diferenças, não devem ser vistos como acidentes de percurso, mas como consequências da construção e da manutenção de coalizões hiperfragmentadas e heterogêneas que, embora decorram de escolhas políticas, também são um resultado direto da degeneração do desenho institucional original.

Com o agravamento da crise econômica, a partir da segunda metade do governo Dilma, a dificuldade de satisfazer o apetite dos membros da coalizão foi se ampliando. A crise fiscal e a inabilidade de Dilma Rousseff reduziram drasticamente a capacidade do governo de manter a coesão da coalizão governamental, o que teve um impacto decisivo sobre o processo que culminou com a perda de seu segundo mandato. Não se deve negligenciar a incapacidade de Dilma de dialogar com as lideranças parlamentares e partidárias, inclusive da sua própria agremiação. Com as apurações decorrentes da Operação Lava Jato, ficou ainda mais claro que o sistema partidário brasileiro foi sendo cada vez mais comprometido pela necessidade de obtenção de recursos para arcar com os altos custos do sistema eleitoral. Esses recursos passaram a ser extraídos pelos partidos diretamente do setor privado, como contrapartida de contratos, subsídios, isenções fiscais e outros benefícios concedidos de maneira ilegal e em detrimento do interesse público.

A convivência desse modelo de presidencialismo de coalizão, minado pela hiperfragmentação partidária e pela alta taxa de heterogeneidade partidária, com instituições de controle e aplicação da lei cada vez mais autônomas e eficientes levou a uma crescente fricção entre as esferas política e jurídica. A desenvoltura demonstrada pelo Ministério Público Federal e pela Polícia Federal, com respaldo do Supremo Tribunal Federal, durante o julgamento do mensalão indica uma dificuldade cada vez maior de convivência entre um padrão degradado de funcionamento do sistema político e uma postura mais agressiva e independente do sistema de controle e aplicação da lei. A crise aberta em 2013 está associada a esse crescente antagonismo entre o sistema político criado pela Constituição de 1988, e que teve os seus vícios exacerbados ao longo de décadas de funcionamento, e um sistema de controle e aplicação da lei, também estruturado pela Constituição atual e que ao longo das mesmas décadas foi se tornando mais rígido e autônomo.

As raízes institucionais da crise deflagrada em 2013 não se

encontram associadas apenas a esse embate entre o sistema político e o sistema jurídico. A crise política também está relacionada à forma como o conflito distributivo foi se cristalizando institucionalmente nas últimas três décadas. Como consequência do "compromisso maximizador", além de um grande elenco de direitos sociais de natureza progressiva ou distributivista, também foram entrincheirados na Constituição, na legislação e na jurisprudência privilégios de setores específicos — corporativos, públicos e privados — de caráter altamente regressivo ou concentrador de riquezas. Mais do que isso, os sistemas de tributação e de financiamento público do setor empresarial abriram espaço para outras formas, revestidas de questionável legalidade, de transferência de recursos públicos para os setores mais afluentes da sociedade. Enquanto a economia brasileira conseguiu crescer num ritmo suficiente para conciliar os gastos advindos de direitos com aqueles advindos de privilégios, foi possível manter a estabilidade política e social, ainda que essa última de maneira muito precária.

Com o agravamento da crise econômica e sem uma solução para o impasse da previdência social, os conflitos distributivos de natureza constitucional se acirraram. A pressão sobre o governo Dilma para que ampliasse as políticas de incentivo à indústria, com desonerações, isenções, corte de juros e redução do custo da energia, em atendimento aos pleitos da Fiesp, por exemplo, apenas agravaram as dificuldades fiscais do governo, com repercussões sobre as obrigações derivadas da carta de direitos. Da mesma forma, taxas de juros elevadas não apenas reduzem os recursos para as demais despesas do governo como têm um forte impacto regressivo, por transferirem renda pública para aqueles que emprestam recursos ao Estado. Para acomodar esses gastos e as perdas fiscais com parte das obrigações sociais impostas pela Constituição e por políticas governamentais, a equipe econômica de Dilma passou a confrontar os princípios de equilíbrio orçamentário, lançando mão do que ficou conhecido, num primeiro momento, como "contabilidade criativa", e posteriormente como "pedaladas fiscais", ainda no final de seu primeiro mandato. Isso, porém, não foi suficiente para assegurar a sustentabilidade das diversas obrigações sociais do governo, além de torná-lo mais vulnerável do ponto de vista jurídico, como ficou claro mais tarde pela decisão unânime do Tribunal de Contas da União sobre recomendar a reprovação das contas da administração federal no ano de 2014.

Em síntese, a deterioração das políticas públicas, derivada da crise fiscal, associada à degradação da representação política explicitada pelo fortalecimento das investigações e apurações de escândalos de corrupção, mobilizou milhões a irem às ruas no até então maior conjunto de protestos que o Brasil já havia presenciado, desestabilizando o sistema político. A partir de então, os atores políticos e institucionais passaram a tomar decisões cada vez mais contundentes e controvertidas. Mas como descrever a crise em que entramos a partir de 2013?

A resposta a essa questão depende, em grande medida, do conceito que tenhamos de crise e, mais especificamente, de crise constitucional. Para não incidir no erro de assumir uma definição meramente estipulativa, ou subjetiva, do termo crise — e sobretudo da expressão crise constitucional —, é necessário tentar compreender como essas expressões têm sido empregadas pelo direito e pela ciência política ao longo dos tempos.

CRISE E INSTITUCIONALIZAÇÃO DO CONFLITO

A palavra crise costuma ser associada ao conceito de tempos difíceis e de instabilidade. Em sua origem grega, o termo também designa decisão — no caso, uma decisão fundamental voltada à recuperação do equilíbrio de um organismo ou de um sistema político ou social, sem o que esse organismo ou sistema corre o risco de perecer.[24] Nesse sentido, crises constitucionais seriam momentos específicos na vida de uma comunidade política em que a capacidade do sistema constitucional de canalizar institucionalmente os conflitos políticos se vê abalada, exigindo que os atores políticos e institucionais tomem decisões capazes de restabelecer seu equilíbrio e sua funcionalidade. Essas decisões, no entanto, precisam ser consideradas válidas da perspectiva constitucional.[25]

Nas crises constitucionais, o que está em jogo, portanto, não é apenas a tranquilidade da vida institucional, mas a própria sobrevivência da Constituição, assim como a validade das decisões voltadas à recuperação da capacidade dos atores políticos e institucionais de coordenar seus conflitos em conformidade com as regras e os procedimentos estabelecidos pelo texto constitucional. A questão sobre a validade das decisões é essencial para a discussão da natureza das crises.

É difícil negar que o Brasil entrou, a partir das vastas manifestações que tomaram as ruas do país em junho de 2013, numa grave crise política com forte impacto sobre o funcionamento de suas instituições constitucionais. A polarizada eleição de 2014, as manifestações de 2015 contra o governo Dilma, o aprofundamento da crise econômica, os avassaladores esquemas de corrupção eleitoral apurados pela Lava Jato — que afetam todos os partidos que estão ou estiveram no poder —, o controvertido impeachment da ex-presidente, a sobrevivência ainda mais controvertida de Michel Temer no Tribunal Superior Eleitoral, os enfrentamentos e a exacerbação da jurisdição monocrática do Supremo Tribunal Federal, a prisão do ex-presidente Luiz Inácio Lula da Silva que inviabiliza sua candidatura, a abusiva paralisação de empresas de transporte, associada ao protesto de caminhoneiros autônomos em maio de 2018, o fenômeno eleitoral de Jair Bolsonaro, líder de extrema direita e com posições explicitamente contrárias à Constituição, e o crescimento de grupos que reivindicam a intervenção militar demonstram que passamos a viver uma situação de profundo mal-estar constitucional.

As constituições democráticas, no entanto, deveriam ser instrumentos voltados a habilitar a competição política e a institucionalizar conflitos, e para isso estabelecem vários dispositivos voltados a assegurar que os embates possam ocorrer, mesmo que de forma vigorosa, dentro do leito constitucional. Os sistemas eleitorais e partidários servem para transformar a disputa entre diferentes correntes ideológicas num pleito formalizado, no qual o eleitor determinará quem deverá prevalecer, ao menos até a próxima eleição. O sistema de separação de poderes, por sua vez, dispõe as instituições de governo de forma a que sempre se encontrem em tensão e eventualmente em conflito, como nos ensinou James Madison.[26] Não há nada mais comum à vida de uma democracia constitucional do que o conflito entre atores políticos e institucionais e entre os diversos setores da sociedade. Esses confrontos, no entanto, devem ser mediados pela política cotidiana e pelo jogo ordinário das instituições. É para isso que as constituições servem. São inerentes à vida das constituições uma constante tensão e eventuais atritos. A ideia de que os poderes são independentes e harmônicos, inscrita em nossa Constituição, é um eufemismo, pois sua real disposição é de tensão.

Da mesma forma, o direito de exercer a oposição parlamentar, a liberdade de expressão, o direito de livre manifestação, desde que sem armas, permitem a todos os descontentes questionar com contundência o modo como o poder está sendo exercido ou mesmo a forma como estão se conduzindo aqueles que protestam.

Numa democracia constitucional, os conflitos fazem parte do cotidiano e não são embates entre amigos, para retomar a expressão de Madison, podendo algumas vezes ser particularmente duros. Os poderes podem exceder-se e realizar atos que sejam considerados contrários à Constituição. Isso não significa, per se, que tenhamos a cada afronta à Constituição uma crise de natureza constitucional. Como num jogo de futebol, o pênalti não instaura uma crise. Da mesma forma, se o árbitro deixar de apitar um pênalti, isso não necessariamente configura uma crise. Ela se dá quando os jogadores abandonam as regras. Todos os dias vemos a colisão entre poderes, invasões de competências, manifestações virulentas dos atores políticos, mesmo a violação de determinados direitos, eventuais abusos no exercício de outros direitos e acusações de afrontas à Constituição sem que isso configure necessariamente uma crise, pois há mecanismos de autocorreção previstos pelo próprio sistema constitucional que, quando em funcionamento, demonstram a vitalidade da Constituição e não a sua falência. A Justiça muitas vezes é ativada para anular uma determinada decisão política tomada pela maioria ou para favorecer uma solução jurídica que não encontra respaldo na maioria da população. Outras vezes, o Judiciário é chamado a sancionar alguém que abusou de sua autoridade ou fraudou o sistema. Tudo isso é parte do jogo.

As constituições permitem, inclusive, que determinadas regras estabelecidas por lei, ou mesmo nela inscritas, possam ser alteradas em função das exigências da conjuntura. Nesse sentido, as constituições distinguem-se das tradicionais "regras do jogo", pois permitem aos participantes renegociarem os termos do jogo político, já que algumas vezes o conflito é sobre a própria regulamentação da disputa. Para isso servem os mecanismos de alteração da legislação e da constituição. Algumas constituições, no entanto, estabelecem que certas mudanças não estão autorizadas, sob a justificativa de que colocariam em risco a própria continuidade do jogo democrático. Esses dispositivos impedem que as maiorias circunstanciais tomem determinadas decisões que coloquem em risco o direito das próximas gerações de continuar se autogovernando pelos moldes democráticos.[27] Daí a afirmação de que determinadas cláusulas pétreas da Constituição são, paradoxalmente, limitações habilitadoras da democracia.[28]

Esses são exemplos de mecanismos que permitem às constituições contribuir para que os atores políticos, os diversos setores da sociedade e as instituições políticas possam discordar e disputar sobre como enfrentar crises políticas, econômicas e sociais sem que isso se transforme numa crise constitucional. O mais importante é que um poder não usurpe função atribuída a outro, não abuse das atribuições que lhe foram entregues, e que as decisões tomadas por cada um, dentro de seu campo de competência, não sejam desrespeitadas ao final do processo. Esse sistema exige, em primeiro lugar, que a norma que atribuiu a um determinado poder a competência para decidir em última instância seja razoavelmente clara. Em segundo lugar, que cada um dos poderes e atores políticos seja capaz de praticar certa autocontenção, sem o que cada ação voltada a solucionar o conflito poderá gerar outro, escalando para uma verdadeira crise constitucional.

As constituições democráticas também dispõem de mecanismos extraordinários para lidar com tipos específicos de crise, mais graves. Embora isso possa parecer um paradoxo, o pensamento constitucional aprendeu com a experiência de Roma que situações excepcionais — como guerras, graves convulsões sociais ou mesmo catástrofes naturais, que são muitas vezes inevitáveis — podem colocar em risco a estabilidade do regime. Daí a necessidade de conceber formas extraordinárias de exercício de poder com um único objetivo: a manutenção da ordem constitucional. Os romanos intitulavam *dictatura* o exercício extraordinário de poder voltado a proteger a República. Tratava-se de conferir uma ampla esfera de discricionariedade ao ditador para que escolhesse os meios necessários para debelar a crise e restabelecer a ordem.[29]

As democracias constitucionais, embora reconheçam a necessidade de criar mecanismos extraordinários para lidar com situações que coloquem em risco o regime constitucional, não aceitam a noção romana de *dictatura* como instrumento ilimitado de defesa da constituição. Os remédios extraordinários para sua autoproteção somente poderão ser adotados em circunstâncias predefinidas e dentro de limites processuais e substantivos estabelecidos pelo próprio texto constitucional. Nesse sentido, são regras extraordinárias, não excepcionais. Sua adoção não se dá no vácuo normativo. Não configuram um estado de exceção.

A Constituição de 1988 tem todo um título sobre a "intervenção" federal nos estados e destes nos municípios, o que não deve ocorrer salvo para "manter a integridade nacional", "repelir invasão estrangeira", colocar fim a "grave comprometimento da ordem pública", o "livre exercício de qualquer dos Poderes" e assim por diante. No mesmo sentido, a Constituição autoriza a decretação do "estado de defesa para preservar ou prontamente restabelecer, em locais restritos e determinados, a ordem pública ou a paz social", e do "estado de sítio", em caso de "comoção grave" ou "declaração de estado de guerra". Outro exemplo é a possibilidade de afastamento do presidente da República que cometer crime de responsabilidade, por intermédio de processo de impeachment, a ser conduzido pelo Congresso Nacional.

Todos esses são mecanismos extraordinários desenhados pela Constituição para o enfrentamento de crises mais graves, que não podem ser superadas pelos procedimentos ordinários. São extraordinários no sentido de que não devem ser empregados no cotidiano da política, e não no sentido de que sejam "extra" constitucionais. A Constituição estabelece procedimentos para a adoção desses remédios, as autoridades responsáveis por cada ato e os limites à sua utilização. São extraordinários também porque conferem uma maior carga de discricionariedade política a quem tiver que decidir sobre o seu emprego. No caso do estado de sítio (ou defesa), são extraordinários porque podem ter como consequência a restrição, ainda que temporária, de determinados direitos, como o "direito de reunião". No caso do impeachment, pode haver a perda do mandato conquistado por voto popular.

É evidente que o emprego desses mecanismos extraordinários para o enfrentamento de crises gera tensão e insegurança institucional, seja porque ocorrem em momentos de acirrado conflito político-social, seja porque abrem espaço para disputas de narrativas sobre a oportunidade, adequação e proporcionalidade de sua utilização.

Embora o debate sobre as crises constitucionais seja bastante antigo, a percepção de que estamos vivendo um momento de "recessão democrática" em muitas partes do mundo, inclusive em democracias já estabilizadas, tem gerado uma nova literatura sobre o tema. Termos como erosão, subversão ou esgarçamento têm sido utilizados com frequência cada vez maior para descrever situações que não se enquadram nas tensões naturais à vida de qualquer democracia constitucional, mas também não configuram uma situação de ruptura clássica com a ordem constitucional.[30]

As rupturas constitucionais são fenômenos de mais fácil detecção. A ordem constitucional anterior é derrubada ou entra em colapso, e uma nova é estabelecida. Foi o que aconteceu no Brasil em 1937 ou 1964. Cai um regime constitucional e instala-se uma nova ordem: o governo de fato. A ruptura pode derivar de uma crise, mas uma crise não necessariamente leva a uma ruptura.

O que importa nesses casos é que estamos falando de um fenômeno concreto, que se manifesta contra as regras estabelecidas pela Constituição. No caso dos golpes, eles podem ser impostos por uma força externa ao sistema político, como os militares, ou por um dos poderes constituídos, como o presidente que excede suas funções com apoio de quem detenha suficientes meios de violência para respaldá-lo. Foi o que ocorreu na instalação do Estado Novo por Vargas em 1937. No caso das revoluções, a sociedade ou os setores substantivos do país se rebelam contra o sistema de poder de forma mais espontânea, como recentemente testemunhamos na Primavera Árabe, ou por intermédio de alguma instância organizadora, como um partido ou força revolucionária, e impõe uma nova ordem, como ocorreu na Rússia em 1917, ou em Cuba em 1959. O mais importante a assinalar em eventos como esses é que há o afastamento da ordem anterior e a imposição de uma nova ordem de facto. Na concepção de Carl Schmitt, é a autêntica expressão da soberania que, por definição, se manifesta pela capacidade de determinar o "estado de exceção" e estabelecer a nova ordem.[31] Aqui não há uma discussão normativa sobre a validade desses processos, mas um simples registro fático.

Há também um outro tipo de substituição de uma ordem constitucional democrática por um sistema autoritário que não se dá por intermédio de uma ruptura abrupta, e sim por uma paulatina erosão dos procedimentos e direitos associados a uma democracia constitucional até que ela se veja completamente desconfigurada. Esse tipo de crise ocorre quando os atores políticos e institucionais se utilizam de mecanismos previstos na própria constituição para pouco a pouco alterar a identidade do pacto constitucional. Tal processo inclui a limitação de direitos, a alteração das regras da disputa eleitoral, a restrição da autonomia ou a captura do Judiciário e a utilização da corrupção e da cooptação como métodos políticos para que um grupo possa se perpetuar no poder sem se submeter a processos eleitorais transparentes e competitivos.

O exemplo mais dramático desse tipo de erosão constitucional, com desfecho trágico, foi a utilização por Hitler de mecanismos previstos na Constituição alemã, como a consulta popular e o poder de emendar a Constituição, para aprovar medidas que subvertiam o éthos da República de Weimar. É indispensável destacar que o uso dessas ferramentas se deu num contexto de crescente violência política, em que os pré-requisitos democráticos não mais se encontravam presentes. Nas últimas décadas, guardadas as enormes diferenças, temos testemunhado uma nova onda de erosão constitucional, como as levadas a cabo por Hugo Chávez, na Venezuela, Recep Erdogan, na Turquia, e Vladímir Pútin, na Rússia, que têm agido de forma persistente para enfraquecer os limites constitucionais ao exercício de poder pelo Executivo, apagando vestígios de uma ordem constitucional democrática.

As crises constitucionais são manifestações mais sutis que as erosões e rupturas constitucionais. Num primeiro momento podem ser difíceis de distinguir de processos de erosão, assim como de graves tensões e conflitos entre poderes, ou fortes demonstrações de insatisfação popular, que são naturais a uma democracia. As crises constitucionais em geral incluem essas últimas situações, mas apenas se materializam quando os conflitos deixam de ser devidamente canalizados pelas instituições, o embate parlamentar, o exercício da jurisdição, ou mesmo os mecanismos extraordinários de proteção da constituição, colocando em risco a sobrevivência do regime.

De acordo com a tipologia proposta por Sanford Levinson e Jack Balkin,[32] o tipo mais comum de crise constitucional se manifesta quando as autoridades constituídas estão convencidas e expressam publicamente que a solução para um problema grave não encontra respaldo nas regras e procedimentos previstos da constituição, o que as leva a recorrer a "meios excepcionais", aguardando que, uma vez solucionada a crise, recebam uma chancela posterior da sociedade. Nesse caso, a fidelidade em relação a determinadas normas da constituição seria deixada de lado em nome de um objetivo mais amplo, que, se atingido, sanaria o vício da decisão.

Um segundo tipo de crise constitucional seria aquele em que a fidelidade à constituição levaria a uma situação de paralisia institucional ou ainda ao agravamento das crises política, econômica ou social, colocando em risco a própria sobrevivência da ordem vigente. Caso nenhum ator político e institucional vislumbre um caminho constitucional para a solução da crise e não esteja disposto a romper com a constituição para enfrentá-la, o sistema entrará em paralisia.

Um terceiro tipo de crise decorreria de uma escalada no embate entre os poderes, em que todos (ou mais de um) reivindiquem ser os intérpretes mais fiéis da constituição. No momento em que essa disputa transborda as margens da política institucional, tal como disposta pelas regras constitucionais, deixando de ser apenas uma guerra de narrativas e ações institucionais para se transformar num conflito social, necessariamente violento, a constituição teria perdido sua capacidade de contribuir para a coordenação do conflito político.

Haveria uma outra forma de comportamento comum a instituições em momentos de transformação constitucional, que Mark Tushnet chama de *constitutional hardball*, ou jogo duro constitucional, em que prevalece uma postura de tudo ou nada, na qual a estratégia é utilizar as competências constitucionais com o objetivo de infligir o maior dano ao adversário para tomar a sua posição, ou, defensivamente, impedir ou reduzir a capacidade do adversário de desafiar quem está no poder.[33] Essa postura confronta o modelo tradicional de interpretação e aplicação do direito, assim como as regras não escritas, como autocontenção, tolerância ou moderação, a que fazem referência Levitsky e Ziblatt como essenciais para o bom funcionamento dos regimes democráticos.[34]

No jogo duro constitucional, as instituições permanecem atuando dentro de seus campos de atribuição, mas tomando decisões contundentes e eventualmente controvertidas, que desafiam as concepções estabelecidas de validade, com o objetivo de alterar as relações de poder. De uma perspectiva realista, quando essas estratégias são bem-sucedidas, além de aumentar o poder do vencedor no curto prazo, favorecem no longo prazo a alteração dos padrões da própria normalidade constitucional. Quando malsucedidas, passarão para a história como decisões juridicamente erradas, e seus autores, como violadores da constituição.

Períodos de estresse constitucional seriam aqueles em que a utilização de jogadas pesadas, heterodoxas e legalmente controvertidas por parte dos que ocupam mandatos políticos ou têm prerrogativas institucionais se intensifica e alonga no tempo, favorecendo o surgimento de círculos de retaliações políticas e jurídicas e aumentando a tensão e a instabilidade institucional. São momentos de disputa política e interpretativa sobre a validade dos atos dos diferentes poderes em confronto. Podem gerar um "apodrecimento" dos padrões constitucionais,[35] como salienta Balkin, uma regressão desses padrões, ou até mesmo uma erosão da ordem constitucional. Esses termos são imprecisos e devem ser lidos como uma questão de grau. Há jogos com faltas graves e outros muito faltosos e com faltas muito graves. Enquanto não descambar, ameaçando o fim da partida, o jogo continua sendo disputado. Pode-se argumentar, evidentemente, que a partir de um determinado ponto a natureza do jogo terá sido adulterada.[36] As constituições podem, no entanto, se demonstrar resilientes e sobreviver a esses testes de estresse, ainda que sendo obrigadas a se adaptar.

Com essas categorias em mente, que são evidentemente aproximações de fenômenos muito complexos, que no mais das vezes se confundem, justapõem e interpenetram, talvez estejamos mais habilitados para analisar o caso brasileiro.

Minha hipótese é que, a partir das jornadas de 2013, passamos a viver um ambiente de forte estresse constitucional, ou tempos constitucionalmente bicudos. Em face do aumento da tensão entre a classe política e o estamento jurídico de um lado, e entre direitos e privilégios de outro, os atores políticos e institucionais passaram a se comportar de forma mais conflitiva e contundente, tornando mais difícil a coordenação da vida política. A percepção de que os atores políticos e institucionais passaram a fazer um uso de suas prerrogativas cada vez mais estratégico e voltado à maximização de seus próprios interesses certamente contribuiu para uma sensível queda na confiança da população em relação às instituições políticas e de Justiça.[37] Isso não levou, no entanto, a confrontos sociais violentos ou a algum tipo de convulsão social, embora atos de violência política tenham ocorrido, como os tiros disparados em dois ônibus da caravana do ex-presidente Luiz Inácio Lula da Silva em março de 2018 no Paraná, a paralisação dos caminhoneiros, em maio do mesmo ano, que desafiou a capacidade das instituições de restabelecer a ordem e, finalmente, o atentado contra a vida do candidato Jair Bolsonaro. O fato é que as principais batalhas políticas travadas nestes últimos cinco anos, como a Operação Lava Jato (inclusive a prisão de Lula), o impeachment de Dilma e o entrincheiramento do MDB no poder, ocorreram no campo institucional.

Isso, no entanto, não impediu que chegássemos às eleições de 2018 com o sistema partidário e institucional sob enorme descrédito, favorecendo o crescimento de forças populistas antissistema, o que colocará um grande desafio ao nosso constitucionalismo democrático.

BATALHAS INSTITUCIONAIS

O processo do mensalão e a Operação Lava Jato abriram uma batalha sem precedentes entre o estamento jurídico e o político.

Ao longo da história brasileira, a relação entre juristas de Estado e o poder político foi predominantemente simbiótica. Em troca de prestígio, benefícios e privilégios corporativos, o estamento jurídico removeu obstáculos e não ameaçou os poderosos. Isso valeu para governos liberais e autoritários, oferecendo raras demonstrações de insubordinação.[38]

O julgamento da ação penal 470 deu início a uma nova fase no relacionamento entre os poderes no Brasil — a começar pela mudança de postura do Supremo Tribunal Federal, que passou a exercer de fato a competência que lhe havia sido atribuída pela Constituição de julgar altas autoridades governamentais e membros do parlamento, até então poucas vezes utilizada. Também surpreendeu no caso do mensalão a postura independente assumida pela Procuradoria-Geral da República. Apesar de a Constituição de 1988 ter ampliado os poderes e as garantias de independência do Ministério Público, o posicionamento da instituição, até o caso do mensalão, era marcado pela discrição no que se refere ao controle da cúpula do poder. Durante a gestão de Fernando Henrique Cardoso, o procurador-geral da República Geraldo Brindeiro ficou ironicamente conhecido como "engavetador-geral da República", em razão de sua postura passiva em relação às denúncias apresentadas contra o governo.

A ação penal proposta pelo procurador-geral da República, Antônio Fernando de Souza, envolvendo quarenta pessoas — entre os quais o ex-ministro-chefe da Casa Civil José Dirceu e o então presidente do Partido dos Trabalhadores José Genoino, ambas figuras históricas e centrais ao PT —, foi recebida em abril de 2006 pelo ministro Joaquim Barbosa, relator do processo no Supremo Tribunal Federal. De acordo com a denúncia, o esquema do mensalão contava com um núcleo político, um publicitário e um financeiro, e tinha por objetivo assegurar a permanência do Partido dos Trabalhadores no governo, assim como o apoio de outros partidos no Congresso Nacional, a partir de recursos ilegalmente transferidos para lideranças partidárias e para o financiamento de campanhas eleitorais.

A posição do Supremo ao receber tão ampla denúncia contra figuras centrais do governo nos termos propostos pelo Ministério Público surpreendeu a todos. Logo na primeira sessão de julgamento, o Tribunal se negou a desmembrar o processo e afastou o pedido de que fosse julgado em segredo, solicitado pela defesa. O Tribunal também deixou claro, desde o início, que não aceitaria o argumento de que o esquema do mensalão se resumia apenas a um delito eleitoral de não contabilização de recursos de campanha.

A novidade, no entanto, não se limitou ao reposicionamento do Tribunal, afastando-se de uma postura mais leniente e omissa para assumir a função de controlar a atividade política. Diante da complexidade do esquema criminal do mensalão, envolvendo diversos níveis decisórios e múltiplas condutas criminais, o Supremo foi flexibilizando uma série de cânones doutrinários relativos à aplicação do direito penal. Três inovações interpretativas tiveram forte impacto sobre o desfecho do caso, que culminou com a condenação dos principais envolvidos. A primeira delas foi a aceitação pela maioria dos ministros da doutrina do "domínio do fato", segundo a qual é possível imputar a autoria de um delito a pessoa que, mesmo não tendo participado diretamente da ação criminosa, por sua posição funcional ou de autoridade tem ou deveria ter conhecimento sobre as condutas praticadas por seus subordinados. Essa doutrina, tal como aplicada pelo Supremo, se contrapõe ao princípio da responsabilidade penal subjetiva, tradicionalmente reconhecida pelo Tribunal, e afeta até o conceito de presunção de inocência, já que toma uma presunção como fundamento para a determinação da responsabilidade. O Supremo Tribunal Federal também inovou doutrinariamente durante o processo do mensalão ao afastar a necessidade de demonstração da existência de um ato de ofício específico como contraprestação da vantagem indevida — ou seja, não exigiu que se apresentasse um ato específico praticado pela autoridade como evidência de uma vantagem indevida oferecida pelo corruptor. A terceira inovação foi admitir a sobreposição de imputações derivadas de uma mesma conduta. Assim, um mesmo ato passou a poder ser considerado mais de um crime, como no caso de corrupção e lavagem de dinheiro. Ao não declarar o fruto da corrupção ao Fisco ou à Justiça Eleitoral e depositar o recurso em uma conta bancária, o réu estaria incorrendo também no crime de lavagem. Esse tipo de mudança na forma tradicional de interpretar diversas normas e doutrinas jurídicas foi, no caso do mensalão, essencial para dar sustentação a um processo de transformação das relações de poder entre as instituições constitucionais.

A Operação Lava Jato, herdeira dessa transformação iniciada no processo do mensalão, também tem sido permeada pelo emprego cada vez mais contundente de prerrogativas institucionais por parte das agências de aplicação da lei. Muito embora a operação tenha derivado de um caso aparentemente fortuito em 2013, com a prisão do doleiro Alberto Youssef, não se trata de obra do acaso ou de uma iniciativa que possa ser atribuída à atuação exclusiva de um magistrado. A Operação Lava Jato resulta de mudanças na cultura jurídica, no marco normativo e na postura institucional das agências de aplicação da lei nos últimos anos. Em grande medida, a Operação Lava Jato é tributária do processo do mensalão, que alterou o padrão de relacionamento entre as agências de aplicação da lei e o corpo político brasileiro, do amplo apoio popular obtido durante as manifestações de junho de 2013, assim como da incorporação ao sistema jurídico brasileiro do instituto da delação premiada, por intermédio da lei nº 12 850, sancionada pela ex-presidente Dilma Rousseff, logo após a primeira onda de protestos. A introdução dessa ferramenta jurídica alterou de forma significativa o poder de investigação das instituições e a possibilidade de responsabilização daqueles que participam de organizações criminosas para praticar diversas atividades ilegais, entre as quais os crimes contra a administração pública. Sem esse mecanismo, dificilmente a Operação Lava Jato teria conseguido expor as entranhas da engrenagem de corrupção e financiamento de campanha que irrigou o sistema político brasileiro nas últimas décadas.

A operação também foi muito efetiva graças à utilização de ferramentas de investigação apropriadas por uma nova geração de juízes, procuradores e policiais com maior autonomia funcional, capacitação técnica e contato com experiências estrangeiras no combate à corrupção. Os investigadores da Lava Jato passaram a fazer uso sistêmico de interceptações telefônicas, buscas e apreensões, quebra de sigilo bancário e ações controladas. Muito se tem dito sobre a forte influência da Operação Mãos Limpas, ocorrida na Itália na década de 1990, sobre os principais responsáveis pela Lava Jato. O próprio juiz Sérgio Moro, personagem central da operação, é autor de um artigo jurídico sobre a Operação Mãos Limpas em que se propõe a analisar o que considera "um momento extraordinário na história contemporânea do Judiciário". Fica claro pela leitura desse artigo que o combate à corrupção sistêmica, como a descoberta na Itália, depende de uma mudança de postura dos magistrados, que não apenas devem partir para o "ataque", mas também fazer uso extensivo de mecanismos de colaboração premiada, sem o que dificilmente conseguirão romper as inúmeras camadas de proteção estabelecidas pelo sistema de corrupção político. A ação da Justiça e do Ministério Público também não deveria ignorar a necessidade de obter apoio da opinião pública, o que impõe o estabelecimento de uma relação estratégica com os meios de comunicação.[39] O fato de outros agentes centrais da operação terem realizado parte de sua formação acadêmica nos Estados Unidos, como é o caso do procurador da República Deltan Dallagnol, indica uma maior familiaridade com ferramentas de investigação e doutrinas processuais voltadas ao combate ao crime organizado até então pouco empregadas no Brasil, especialmente em relação à criminalidade de colarinho branco.

Tomando por base as inovações no âmbito do direito penal e processual promovidas pelo processo do mensalão e pela Lei de Organizações Criminosas de 2013, a Operação Lava Jato avançou ao fazer uso sistemático de conduções coercitivas, posteriormente suspensas pelo Supremo Tribunal Federal,[40] e pelo emprego intensivo de prisões processuais. No que se refere às prisões processuais, não constituem propriamente uma novidade, considerando que são empregadas no cotidiano pelo sistema criminal brasileiro. A novidade se refere à sua aplicação a réus de colarinho branco. Essas ferramentas — que deveriam ser utilizadas apenas em circunstâncias excepcionais, quando o investigado se nega a atender a intimação da autoridade ou nas circunstâncias em que a liberdade do acusado represente risco à integridade do processo — passaram a integrar o repertório ordinário da operação.

Além dessas novas táticas processuais e de investigação, o que gerou uma profunda mudança no cenário jurídico do processo penal brasileiro — e consequentemente nas estratégias de defesa, favorecendo as delações — foi a decisão tomada pelo Supremo Tribunal Federal em fevereiro de 2016 que autorizou a execução provisória da sentença condenatória após confirmação em segunda instância.[41] Essa decisão retoma o posicionamento histórico do Supremo Tribunal Federal, interrompido em 2009.[42] Assim sendo, não deve ser considerada uma decisão heterodoxa ou inovadora. Também não se encontra em desconformidade com o sistema internacional dos direitos humanos, que estabelece o padrão do duplo grau de jurisdição, ou com a prática mais comum às democracias constitucionais contemporâneas. A controvérsia em torno da decisão decorre do fato de que a Constituição expressamente assegura que "ninguém será considerado culpado até o trânsito em julgado de sentença penal condenatória". Isso, aliás, não é uma peculiaridade da nossa Constituição. O que se distingue no caso brasileiro é que a Constituição previu a existência dos recursos especial e extraordinário toda vez que houver discussão sobre afronta à lei federal ou ao texto constitucional. Com isso, o trânsito em julgado acontece, a rigor, apenas depois de exauridas a terceira e, em alguns casos, a quarta instância judicial.

Conforme o argumento desenvolvido pelo ministro Teori Zavascki na decisão de 2016, essa interpretação seria equivocada, já que nos recursos especial e extraordinário não mais poderão ser discutidos os fatos e, portanto, o mérito da condenação. Logo, a definição da culpa estaria definida pelo julgamento em segunda instância, podendo a sentença ser provisoriamente executada enquanto se aguarda o julgamento dos demais recursos, em que apenas questões de direito podem ser analisadas.

Sem esse alinhamento entre as diversas instâncias do Judiciário brasileiro não se teria chegado aos resultados obtidos pela operação, ainda mais quando levamos em conta o padrão histórico de impunidade contra aqueles que detêm poder e recursos no Brasil. Mesmo o ex-presidente Luiz Inácio Lula da Silva, em seu derradeiro discurso antes da prisão, no dia 7 de abril de 2018, em que fez contundentes críticas à Polícia Federal, ao Ministério Público, ao juiz Sérgio Moro e ao TRF4 pela forma como conduziram seu processo, afirmou: "Não pensem que eu sou contra a Lava Jato, não. A Lava Jato, se pegar bandido, tem que pegar bandido mesmo, que roubou, e prender. [...] Eu quero que continue prendendo rico".

Além do enrijecimento penal avalizado pelas instâncias superiores, a operação fez uso intensivo de estratégias de comunicação social de grande impacto na consolidação de uma base de apoio social às investigações. A maior crítica, nesse aspecto, recai sobre o vazamento seletivo de informações, que contribuíram para a percepção de falta de imparcialidade do aparato de aplicação da lei. A liberação pelo juiz Sérgio Moro do áudio da conversa entre os ex-presidentes Dilma e Lula, em março de 2016, posteriormente declarada ilegal pelo ministro Teori Zavascki, exemplifica essa estratégia. Trata-se de uma clara estocada institucional, em que se empregou uma prerrogativa funcional com o objetivo de debilitar a posição do ex-presidente Lula, que naquele momento estava prestes a ser nomeado ministro de Estado, o que o levaria a estar submetido à jurisdição do Supremo.

Grande parte das medidas de combate à corrupção adotadas em Curitiba foi referendada pelas diversas instâncias do Judiciário, inclusive por juízes de tradição mais liberal dentro do próprio Supremo Tribunal Federal, composto em sua maioria por magistrados nomeados pelos ex-presidentes Luiz Inácio Lula da Silva e Dilma Rousseff. A defesa do que se convencionou chamar, na expressão do ministro Luís Roberto Barroso, de "direito penal efetivo" foi majoritária no Supremo enquanto os principais investigados e réus permaneciam associados à base de sustentação do governo, e o mesmo valeu para seus aliados nos governos estaduais. À medida que a operação foi avançando sobre figuras centrais do MDB e do PSDB, o balanço no Supremo foi se alterando. A formação de uma nova maioria na Segunda Turma do Supremo, composta pelos ministros Gilmar Mendes, Dias Toffoli e Lewandowski, levou à contestação e revisão de diversas estratégias judiciais que estruturam a Operação Lava Jato, como as conduções coercitivas e a execução provisória das sentenças condenatórias em segunda instância.

Ainda assim, ex-governadores do MDB e do PSDB foram condenados ou detidos em função das operações de combate à corrupção. Dois ex-candidatos à presidência da República pelo PSDB, os senadores José Serra e Aécio Neves, se encontram respectivamente sob investigação e denunciado pela Operação Lava Jato; além do presidente Michel Temer, do MDB, denunciado duas vezes pela Procuradoria-Geral da República pelos crimes de obstrução de justiça e corrupção, embora o processo tenha sido suspenso por decisão da Câmara dos Deputados. Isso sem falar no surpreendente cerco aos líderes do poderoso setor de construção e infraestrutura nacional, rompendo uma longa tradição de impunidade em relação aos detentores da riqueza e do poder no Brasil.

Embora a Lava Jato tenha ampliado em muito o espectro dos políticos sob investigação, não se pode contestar que, com a prisão do ex-presidente Luiz Inácio Lula da Silva, o Partido dos Trabalhadores tenha sido a agremiação mais afetada pela operação.

A Operação Lava Jato, na qual prerrogativas institucionais dos agentes de aplicação da lei foram utilizadas de forma mais incisiva e contundente do que o convencional, oferece diversos exemplos de estocadas institucionais ou "jogo duro", na linguagem de Mark Tushnet. Embora a validade de algumas dessas ações possa ser contestada, o fato de terem sido praticadas pela autoridade competente, e estarem submetidas ao controle de instâncias revisoras e terem sido acatadas, torna difícil que sejam simplesmente desqualificadas como extraconstitucionais. O efeito desse tipo de conduta não convencional foi desestabilizar as relações políticas nos termos em que vinham sendo praticadas. Os principais atores envolvidos na Lava Jato, entre os quais o juiz Sérgio Moro, o ministro Teori Zavascki e o procurador-geral da República Rodrigo Janot, não vacilaram em se utilizar de suas competências e prerrogativas para fazer a operação avançar e responsabilizar aqueles que entenderam tomar parte de um vasto esquema de corrupção. A Lava Jato representou, nesse aspecto, um novo capítulo na história do combate à corrupção, apontando para inúmeras fragilidades dos sistemas político e jurídico brasileiros. Da perspectiva das práticas processuais, a Lava Jato alterou doutrinas e tradições jurídicas, estabelecendo as bases para um direito penal mais duro e efetivo no combate à corrupção. No campo político, embora a Lava Jato tenha desestabilizado o sistema partidário, expondo as relações promíscuas entre agremiações e determinados setores empresariais e contribuído para o afastamento de Dilma Rousseff, não favoreceu um processo de reforma da legislação vigente. Ainda permanecem no sistema partidário e eleitoral diversos dos incentivos que levaram à degeneração de nosso presidencialismo de coalizão.

O processo de impeachment da ex-presidente Dilma Rousseff talvez seja o maior exemplo de "jogo duro", dessa vez no embate entre o Executivo e o Legislativo. A experiência brasileira, com o impeachment de Fernando Collor de Mello, não nos alertou para os riscos advindos do emprego desse mecanismo constitucional extraordinário no enfrentamento de crises de natureza política, jurídica ou econômica, que poderiam ter sido resolvidas sem lançar mão de recursos reservados a casos excepcionais. Foram 155 os pedidos de impeachment protocolados na Câmara dos Deputados desde 1988. Todos os presidentes, de Sarney a Temer, tiveram seus mandatos questionados por esse instrumento. As principais forças políticas do país o tornaram uma ferramenta corriqueira para fustigar governantes. O Partido dos Trabalhadores foi a agremiação política que mais apresentou pedidos: cinquenta no total. Isso fragiliza o argumento de que o emprego do impeachment como uma ferramenta voltada a frustrar o resultado eleitoral tenha sido usado apenas por partidos de direita ou sem perspectivas eleitorais. Collor e Dilma não resistiram ao emprego do impeachment como arma política. Sem conseguir o apoio de nem sequer um terço dos parlamentares em pelo menos uma das Casas do Congresso Nacional, tiveram seus mandatos interrompidos. Em resumo, dos sete mandatos presidenciais conferidos pelo voto popular nesta quadra de nossa democracia, dois foram cassados pelo Senado Federal.

O impeachment é um instrumento que se originou na Inglaterra, ainda no século xiv, com o objetivo de permitir alguma forma de controle sobre os governantes. O instituto foi incorporado ao repertório do presidencialismo pela Constituição norte-americana, de 1787. Três deveriam ser suas funções numa democracia presidencialista. A primeira é criar um incentivo para que o presidente eleito não abuse do poder, sob o risco de se ver destituído do cargo. O impeachment apresenta-se, assim, como uma ferramenta radical do sistema de separação de poderes, deixando claro que a legitimidade para o exercício do poder exige, além do voto, a submissão ao direito e o apoio de uma minoria de pelo menos um terço no parlamento.

A segunda função do impeachment, paradoxalmente, deveria ser a criação de um desincentivo a golpes e atentados contra o chefe do Executivo por forças políticas de oposição. A existência de um meio constitucional para a deposição de um presidente que abuse do poder torna ilegítimas tentativas violentas de interrupção do mandato presidencial.

A terceira função desse mecanismo deveria ser qualificar o debate público e corresponsabilizar a sociedade, os partidos políticos e o Poder Legislativo pela definição dos padrões legais e éticos que devem pautar o exercício do poder presidencial. Dadas as dificuldades estabelecidas pelo procedimento do impeachment para a destituição de um mandatário eleito pelo voto popular, acusações legítimas ou frívolas, se promovidas por grupos minoritários, teriam pouca chance de prosperar. Mas ao serem veiculadas por intermédio de pedidos de impeachment, impõe-se aos que apoiam o governo refletir, eventualmente corrigir rumos ou se corresponsabilizar pelo modo como o poder é exercido.

O impeachment é, portanto, um mecanismo poderosíssimo, mas muito arriscado, para controlar o poder em democracias constitucionais que optaram pelo presidencialismo, ainda que como mero prenúncio ou ameaça. Para importantes constitucionalistas norte-americanos, como Cass Sunstein e Laurence Tribe,[43] o mecanismo só deveria ser acionado em casos extremos, embora a Constituição americana estabeleça termos bastante ambíguos para justificá-lo. Se banalizado, transformado em voto de desconfiança, altera o equilíbrio dos poderes, reduzindo enormemente a importância da eleição presidencial e, por consequência, desvirtuando a natureza do regime presidencialista.

Embora o impeachment não deva ser confundido ou utilizado como o voto de desconfiança do regime parlamentarista, pois no processo de impedimento deve haver uma justa causa, ambos são a expressão de um sistema de freios e contrapesos pelo qual o Executivo se vê controlado pelo Legislativo e pela opinião pública. A diferença é que, tendo o chefe do Executivo sido eleito em voto direto pelo povo, no presidencialismo a sua destituição deveria ser muito mais difícil e juridicamente justificável.

No Brasil o impeachment deve estar fundado num crime de responsabilidade, passar diversas etapas processuais e ser autorizado por pelo menos dois terços dos membros da Câmara dos Deputados. O julgamento do processo é feito pelo Senado e presidido pelo presidente do Supremo Tribunal. A condenação exige o voto de dois terços dos senadores. Não se confunde, assim, com o mero voto de desconfiança do parlamentarismo. Ao Congresso, cumpre determinar se há justa causa (razão jurídica) e se esta é suficiente para determinar a destituição do chefe do Executivo (razão política). No processo promovido na década de 1990 contra o ex-presidente norte-americano Bill Clinton, por exemplo, embora tenha sido admitida a *justa causa* — perjúrio num processo judicial por abuso sexual —, o Senado não se convenceu de haver uma *razão política* suficientemente forte para destituí-lo. No caso de Collor e Dilma, o Congresso Nacional, pelo voto de mais de dois terços de suas duas Casas, julgou haver tanto razão jurídica como razão política para o afastamento.

O impeachment do ex-presidente Collor, que também resultou de grandes manifestações populares, não gerou forte polarização política, nem maiores disputas doutrinárias em torno da constitucionalidade do seu julgamento pelo Senado. Mesmo sua posterior absolvição pelo Supremo Tribunal Federal pela prática de crime de corrupção, que havia levado ao seu afastamento pelo parlamento, não despertou reações sobre a legalidade do processo de impeachment. Collor pertencia a um partido insignificante, e os seus eleitores pareceram se dar conta de que seu governo não passou de uma aventura malsucedida. O impeachment, utilizado pela primeira vez no Brasil na vigência da atual Constituição,[44] demonstrou-se na ocasião um instrumento apto para afastar um presidente claramente aventureiro, sem a necessidade de recorrer a uma revolução ou a um golpe de Estado. A partir dessa experiência pouco traumática, esse instrumento institucional disruptivo e de contorno jurídico pouco definido foi incorporado ao repertório ordinário de ataque de partidos e demais setores que participam do jogo político brasileiro.

O impeachment de Dilma Rousseff, ao contrário do processo de afastamento de Fernando Collor de Mello, gerou uma forte reação por parte de seus eleitores e correligionários. Embora também tivesse baixíssima popularidade no momento do impeachment, Dilma pertencia a um partido bem estruturado, com forte representação nas classes populares e nos setores mais à esquerda. Ainda que tivesse raízes oligárquicas, Collor não era um representante identificado de forma tão próxima a partidos ou setores estruturados da vida política brasileira. Diferentemente do afastamento de Collor, o impeachment de Dilma transcendeu a figura da presidente. Todo um segmento da vida política nacional se viu alijado pelo processo. Apesar do envolvimento do Partido dos Trabalhadores, assim como de muitos outros partidos, com amplos esquemas de financiamento ilegal de campanhas, corrupção e aliança com os mais variados setores empresariais, o PT contava, e ainda conta, com forte lealdade de seus militantes e simpatizantes. A militância, porém, não reagiu com atos violentos, o que sinalizou uma certa resignação com o desfecho do processo institucional. Além de protestos moderados, abraçou a narrativa de que o impeachment não passou de um golpe, ainda que para alguns apenas um "golpe parlamentar". Essa narrativa tem tripla função. Em primeiro lugar, desresponsabilizar a ex-presidente e seu partido; em segundo, manter a militância coesa; e, por fim, lançar o ônus da crise sobre aqueles que propuseram e apoiaram o impeachment.

Da perspectiva substantiva, questionou-se a existência de justa causa constitucional para a promoção do impeachment. As "pedaladas fiscais" e a abertura de créditos suplementares sem autorização do Congresso Nacional configurariam crimes de responsabilidade? Trata-se, evidentemente, de uma questão central. Para os defensores de Dilma, as chamadas "pedaladas fiscais" constituiriam práticas comuns de natureza contábil, realizadas por todos os presidentes que a antecederam, não havendo por parte dela o dolo necessário para a configuração de um crime de responsabilidade. No que se refere aos créditos suplementares, argumentam que houve posterior autorização parlamentar, o que afastaria eventuais vícios de origem do ato. Mais do que isso, não tendo sido realizadas as despesas previstas com esses créditos, o crime não teria se consumado. As imputações não encontrariam, portanto, base legal, já que realizadas com a única finalidade de afastar a ex-presidente do exercício do poder. Para os autores da acusação, por sua vez, ao buscar burlar a norma orçamentária, tomando emprestados recursos de bancos públicos e determinando a abertura de créditos sem prévia autorização parlamentar, a ex-presidente afrontou diretamente o disposto no artigo 85, vi e vii, da Constituição Federal. Assim, enquanto a oposição acusava Dilma Rousseff de ter feito uso indevido de suas prerrogativas para burlar regras orçamentárias, seus apoiadores denunciavam o Congresso Nacional por ter feito uso indevido de suas prerrogativas ao levar a cabo o impeachment.

Se não quisermos transformar o velho instituto do impeachment em voto de desconfiança parlamentar, a questão da justa causa é essencial. O fato, porém, é que a Constituição conferiu uma grande amplitude àquilo que considera crime de responsabilidade. De acordo com seu artigo 85, constituem tais crimes atos que atentem contra a União e sua existência; os poderes (inclusive do Ministério Público); os direitos fundamentais; a segurança do país; a probidade administrativa; a lei orçamentária; e o cumprimento das leis e decisões judiciais. Trata-se de um catálogo bastante amplo. Mais do que isso, a Constituição transferiu à Câmara e ao Senado, por força do seu artigo 86, a competência extraordinária para interpretar e aplicar essas normas quando do eventual julgamento do chefe do Executivo. Foi essa, aliás, a interpretação expressa pelo próprio Supremo, quando chamado a interferir no processo de impeachment de Collor. Logo, a Constituição transferiu uma enorme esfera de discricionariedade ao sistema político para definir se a conduta do presidente incide ou não em uma das sete hipóteses gerais estabelecidas pelo artigo 85, desdobrados em nada menos que 65 tipos específicos de crimes de responsabilidade descritos pela lei nº 1079, de 1950. Por mais que sejam acertadas as críticas de que não se deve remover um presidente por malfeitos menores, como têm sustentado inclusive autores preocupados com a condução temerária da presidência dos Estados Unidos da América por Donald Trump, o fato é que a legislação brasileira foi muito abrangente ao tipificar os crimes de responsabilidade passíveis de impeachment. Isso significa, na prática, que o Congresso Nacional tem uma esfera de discricionariedade muito alargada para julgar o presidente. Nesse contexto normativo, o processo de impeachment adquire uma natureza prevalentemente política. Caso contrário, teríamos que aceitar a tese de que o Supremo é quem deve dar a última palavra sobre o impedimento do chefe do Executivo.

Além da discussão sobre a justa causa, muito se questionou o modo parcial como o presidente da Câmara Eduardo Cunha conduziu o processo, especialmente por ter autorizado o início do processo como uma retaliação por ter sido abandonado pelo PT em processo que corria contra ele no Conselho de Ética da Câmara dos Deputados em 2015. Importa dizer que parte dos atos processuais promovidos por Eduardo Cunha foi revogada pelo Supremo, tendo a Câmara sido obrigada a seguir o procedimento definido pelo Tribunal. No entanto, a decisão original que autorizou o prosseguimento do processo, com consequências políticas devastadoras para Dilma, ficou mantida. Em nenhum momento Cunha escondeu que estava utilizando de sua prerrogativa com o objetivo de atingir a ex-presidente e seu partido por não terem ido ao seu socorro no Comitê de Ética da Câmara dos Deputados. O ato de Eduardo Cunha é um exemplo típico do uso abusivo de uma prerrogativa institucional com o objetivo único de debilitar o adversário.

A remoção de Eduardo Cunha da presidência da Câmara, também pelo Supremo, poucos dias depois de terminado o processo de impeachment, ainda que tenha confirmado a sua inadequação para o exercício do cargo, não invalidou o seu ato mais relevante, que foi dar seguimento ao processo de impeachment. A própria decisão unânime do STF foi considerada por alguns um exemplo de jogo duro e estratégico de seus membros. Jogo duro porque não há previsão expressa na Constituição Federal para o afastamento de parlamentar por decisão liminar do STF. A decisão também foi criticada porque o afastamento apenas ocorreu após Eduardo Cunha ter exaurido seu papel de fazer o processo chegar ao Senado. Nesse sentido, o Supremo teria usado estrategicamente o seu controle de agenda para favorecer a tramitação do impeachment.[45] O argumento do STF, quanto ao timing do julgamento, é que o tribunal aguardou o quanto foi possível a tomada de decisão pela Câmara, agindo apenas quando ficou claro que o Conselho de Ética estava sendo impedido de desempenhar sua tarefa por interferência abusiva de Eduardo Cunha. No mérito, assumiu a premissa de que ninguém pode ser beneficiário da própria torpeza.

Por fim, as consecutivas denúncias contra o presidente Temer e seu círculo de poder, assim como as manobras para sua manutenção no Planalto tanto na Câmara dos Deputados como no Tribunal Superior Eleitoral, deixaram claro que o efeito saneador do processo de impeachment que redundou no governo Itamar Franco não se repetiria com o sucessor de Dilma. A somatória desses fatores contribuiu para fortalecer a narrativa do "golpe parlamentar". É inegável que a expressão carrega uma enorme força retórica e uma conotação pejorativa. Mas, dada a natureza prevalentemente política do processo de impeachment, tendo a discordar que esse "golpe" seja compreendido como uma ruptura constitucional. O impeachment foi fruto de uma utilização estratégica das regras da Constituição para ferir um adversário político. A ação conjugada de Eduardo Cunha, Michel Temer e inúmeros outros líderes de partidos de oposição pode ser configurada como uma conspiração política contra a ex-presidente, o que afeta a qualidade de nossa democracia. Mas isso não permite equiparar o impeachment a um golpe de Estado. A amplitude das regras que norteiam o processo e o fato de que a competência para o julgar é conferida com exclusividade ao parlamento fazem do impeachment uma arma letal contra governos que não contam com o apoio de ao menos um terço dos membros do parlamento e, ao mesmo tempo, abrem arestas jurídicas para a acusação de crimes de responsabilidade. Essa arma institucional, que passou a ser sacada de maneira corriqueira no jogo político brasileiro desde o impeachment de Collor, mais uma vez provocou o afastamento de uma autoridade máxima eleita por voto direto. Ainda que irrelevante em termos jurídicos, a forte crise econômica com graves repercussões sociais que o governo Dilma foi incapaz de superar, a sua conhecida inabilidade política e o envolvimento do seu partido em sucessivos escândalos de corrupção certamente concorreram para o afastamento da ex-presidente.

A partir das experiências do impeachment de Dilma e Collor, é possível afirmar que o uso ordinário dessa ferramenta extraordinária de controle do Executivo impactou a natureza de nosso presidencialismo. O fato de a prerrogativa presidencial permitir inúmeros mecanismos de concentração de poder — como iniciativa legislativa, mecanismos de controle sobre a agenda do Congresso Nacional e sobre a implementação do orçamento — não tem sido capaz de impedir que os presidentes brasileiros se tornem cada vez mais cativos das coalizões hiperfragmentadas e heterogêneas que lhes dão sustentação. Essa nova realidade, que se assemelha a um semipresidencialismo, traz uma série de consequências problemáticas da perspectiva da legitimidade do regime, já que não há mecanismos no Brasil para contrabalancear o poder do Legislativo, como a dissolução do parlamento e a convocação de uma nova eleição. O que se tem, assim, é um semipresidencialismo manco.

* * *

O desfecho do impeachment de Dilma Rousseff foi a ascensão do MDB ao poder, com apoio de partidos como PSDB e DEM, além de uma miríade de pequenas legendas que formam o chamado Centrão. Muitos desses partidos que apoiaram a gestão Dilma migraram para a base de sustentação do novo governo no Congresso Nacional em busca de abrigo orçamentário e proteção contra a própria Operação Lava Jato.

O novo governo colocou em marcha um conjunto de propostas de reformas econômicas liberalizantes, inscritas no plano "Uma ponte para o futuro".[46] Em 15 de dezembro de 2016, Temer conseguiu a aprovação da emenda constitucional nº 95, que estabeleceu um novo regime fiscal, impondo um teto para as despesas públicas, previsto para durar até 2036. Caso os governos não sejam capazes de reduzir despesas financeiras, reformar a previdência social de forma a torná-la menos regressiva e eliminar privilégios e desonerações, a emenda claramente terá um forte impacto sobre o cerne do estado de bem-estar projetado pela constituinte de 1988, afrontando os pisos constitucionais voltados a assegurar os direitos à saúde e à educação. Por si só, essa medida já pode ser considerada um ataque por parte do governo Temer contra os direitos sociais previstos no texto da Constituição de 1988.

Na trilha da emenda que estabeleceu o novo regime fiscal, o Congresso Nacional estava prestes a dar seguimento à reforma da previdência social quando vieram a público, em 18 de maio de 2017, gravações contendo conversas comprometedoras entre Michel Temer e o empresário Joesley Batista, um dos sócios do grupo empresarial JBS, abalando fortemente a capacidade do governo de pautar o Congresso. As gravações realizadas pelo empresário tinham como objetivo negociar junto à Procuradoria-Geral da República um acordo de delação premiada que lhe seria extremamente benéfico. O acordo realizado pelo então procurador-geral Rodrigo Janot, assim como o imediato vazamento das gravações, reforça o argumento de que as prerrogativas institucionais estão sendo empregadas de forma extrema e controvertida.

A nova crise instaurada pela divulgação das gravações não foi capaz de inabilitar o governo de obter a aprovação, em julho de 2017, de uma ampla reforma trabalhista que, assim como a emenda nº 95, traz uma série de dispositivos constitucionalmente controvertidos. Diante da enorme dificuldade de apresentar uma proposta trabalhista que limitasse ou eliminasse direitos trabalhistas previstos na Constituição — fosse pelo quórum de aprovação mais elevado, fosse pelo risco de impugnação judicial —, o governo e sua base de sustentação parlamentar optaram por uma reforma ampla da lei ordinária que, ao criar limitações substantivas para que os trabalhadores reivindiquem seus direitos, reduz o impacto prático de muitos direitos previstos na Constituição. De maneira semelhante ao realizado pelo governo de Fernando Collor de Mello, ou mesmo pelos regimes de exceção de Vargas e dos militares, a reforma trabalhista buscou restringir direitos criando maiores obstáculos e custos para que o trabalhador acesse a Justiça. Quando se associa o novo regime fiscal à reforma trabalhista, percebe-se que o governo de Michel Temer, utilizando de mecanismos previstos na Constituição, pôs em marcha um processo de revisão da natureza social do pacto de 1988.

A reforma da previdência social — vista por muitos, dentro e fora do governo, como elemento essencial para a recomposição das contas públicas — foi a partir desse momento deixada de lado. Toda a energia, os recursos financeiros e o capital político do governo passaram a ser empregados, com sucesso, para salvar o mandato do presidente da República. Temer conseguiu duas vezes aquilo que Dilma foi incapaz de obter. Em 2 de agosto de 2017, a Câmara dos Deputados negou autorização ao Supremo

Tribunal Federal para abrir processo criminal contra o presidente por corrupção passiva. Em 25 de outubro de 2017, o plenário da Câmara dos Deputados negou novamente autorização ao Supremo para processar Temer, dessa vez pelo crime de obstrução de justiça. Esses dois eventos apontam para uma retomada no padrão de relacionamento entre o presidente e o Congresso Nacional, mas com um custo elevadíssimo para a capacidade do governo de implementar suas propostas.

Por sua vez, a importância do Judiciário na sobrevivência do mandato presidencial foi demonstrada pelo julgamento da chapa Dilma-Temer pelo Superior Tribunal Eleitoral em 2017. Ainda em 2014, a coligação liderada por Aécio Neves propôs duas ações de investigação para apurar abusos de poder econômico por parte da candidatura vencedora durante a campanha eleitoral, rompendo um ciclo de submissão ao resultado das eleições presidenciais. A essas medidas foram aduzidas, em janeiro de 2015, duas outras ações, uma delas voltada à impugnação do mandato eletivo da chapa vencedora (AIME 761).

O processo foi cercado de diversas peculiaridades. As acusações não eram suficientes para a revogação de um mandato popular, dada a ausência de provas. A relatora original do processo, ministra Maria Thereza de Assis Moura, propugnou pelo arquivamento das ações, que se baseavam em matérias jornalísticas, o que inviabilizava o seu prosseguimento. Apesar disso, o voto da relatora foi derrubado no plenário do TSE a partir do argumento do ministro Gilmar Mendes, que alertava para a necessidade de buscar "a verdade dos fatos". O julgamento foi então convertido em diligência, abrindo uma nova possibilidade de recolhimento de provas, inclusive depoimentos. Com isso criou-se um canal de comunicação para acessar as provas obtidas na Lava Jato, além de novos depoimentos oferecidos por delatores que trabalharam pela campanha Dilma-Temer.

A segunda peculiaridade desse julgamento refere-se ao fato de que, com o impeachment da ex-presidente Dilma, os peticionários perderam interesse no processo, pois não queriam ver Temer afastado, confirmando o argumento de que a ação proposta logo após a eleição tinha por único objetivo debilitar o adversário, sem nenhuma preocupação com a integridade do pleito. A desistência, no entanto, seria irrelevante, pois o Ministério Público substituiria o PSDB na proposição do pedido de impugnação. A sorte, no entanto, parecia estar ao lado de Temer, já que coube a ele nomear dois novos ministros para o TSE, em razão do ciclo natural de renovação da composição do Tribunal. Ainda que a nomeação não seja uma garantia para assegurar préstimos judiciais — como demonstrou o comportamento de inúmeros ministros do Supremo nos últimos anos, a começar pelos que participaram do processo do mensalão —, o fato levantou suspeitas sobre a imparcialidade do julgamento, assim como sobre a inadequação do desenho institucional da Justiça Eleitoral brasileira.

O relatório apresentado pelo ministro Herman Benjamin foi bastante substantivo, uma vez que incorporou todos os depoimentos e provas produzidas no contexto da Operação Lava Jato, demonstrando que a chapa Dilma-Temer havia se beneficiado de grandes quantidades de recursos ilegais, oriundos de empreiteiras premiadas com contratos públicos. Utilizando-se de argumentos processuais, no entanto, a maioria dos membros do STE decidiu rejeitar as provas que anteriormente tinha autorizado que fossem trazidas ao processo. O próprio ministro Gilmar Mendes, que havia votado favoravelmente à juntada dessas provas quando a presidente da República era Dilma Rousseff, mudou de opinião, rejeitando a ideia de que essas provas pudessem ser juntadas ao processo. Ao proferir o seu voto, o ministro fez uma longa preleção e afirmou que "há exageros. Às vezes, por questões pequenas, cassamos mandatos. É preciso moderar a sanha cassadora porque de fato você coloca em jogo outro valor, que é o valor do mandato, o valor da manifestação popular certa ou errada". Para o ministro, o TSE deveria julgar levando em consideração uma "ética de responsabilidade". A Justiça deveria agir com enorme prudência ao desqualificar um pleito eleitoral, considerando potenciais consequências que sua decisão poderia acarretar para a estabilidade da democracia. Com o voto de minerva do ministro Gilmar Mendes, o tribunal decidiu que a chapa Dilma-Temer não seria cassada.

Esse julgamento constituiu mais um exemplo de uso de prerrogativas institucionais de forma controversa e exacerbada. Nesse caso, no entanto, o objetivo não foi debilitar o adversário, e sim eximir de suas responsabilidades aquele que exerce o poder. O movimento de ampliação da autonomia do sistema jurídico em relação ao sistema político, explicitado pelo processo de combate à corrupção desencadeado pela Operação Lava Jato, sofreu um forte revés com essa decisão do Tribunal Superior Eleitoral.

A CONSTITUIÇÃO EM RISCO

A sobrevivência de uma democracia constitucional depende de fatores econômicos, históricos e sociais. Da perspectiva política, está sujeita sobretudo à disposição de adversários e daqueles que operam as instituições criadas pela própria constituição em cooperar para a manutenção das regras de competição democrática, assim como comportar-se em conformidade com as normas que estruturam o estado de direito. A expectativa de que o jogo não termine; de que a derrota eleitoral não eliminará os perdedores; de que os vitoriosos não utilizarão suas prerrogativas para impedir que haja alternância no poder; de que os que exercem o poder não eliminarão direitos de grupos vulneráveis ou aqueles direitos que constituem pressupostos de democracia; de que os poderes instituídos não irão se conduzir fora dos marcos da constituição; de que a disputa política e institucional respeitará certas regras não escritas de tolerância e autocontenção são algumas das condições necessárias para que os agentes políticos e institucionais continuem cooperando na coordenação da vida política de uma determinada comunidade, a partir das regras e dos procedimentos estabelecidos pela constituição.[47]

Desde a crise política iniciada em 2013, o que se pôde observar no comportamento dos atores políticos e institucionais, assim como dos setores mais polarizados da sociedade brasileira, foi uma mudança no padrão da condução dos seus conflitos políticos. A percepção, de um lado, de que a democracia estava sendo fraudada por um amplo esquema de corrupção e, de outro, de que o resultado eleitoral não seria respeitado tornou a competição política mais dura, intolerante e radicalizada. A expressão da ex-presidente Dilma de que poderia "fazer o diabo" para vencer a eleição de 2014, que hoje sabemos que significou, entre outras coisas, o financiamento ilegal da campanha pelos esquemas envolvendo a Petrobras; a irresponsabilidade política do candidato derrotado Aécio Neves, que também está sendo processado pela utilização de esquemas ilegais de financiamento de campanha, de questionar o resultado da eleição de 2014 junto ao Tribunal Superior Eleitoral apenas para "encher o saco"; a manifestação do presidente do Tribunal Superior Eleitoral de que o Judiciário deveria agir a partir de uma ética de responsabilidade que coincide com a alteração do ocupante do Planalto; a atuação estratégica de diversos ministros do Supremo, alguns com o objetivo de fortalecer e outros de fragilizar a Operação Lava Jato. Todos esses são exemplos de que o jogo político e institucional mudou de padrão. Se, de um lado, houve um enfrentamento sem precedentes da corrupção, de outro, muitas condutas inerentes ao jogo constitucional foram deixadas de lado.

Nos últimos cinco anos, mergulhamos numa forte turbulência, marcada por uma escalada de jogadas constitucionais cada vez mais duras, pelas quais atores políticos e institucionais passaram a se utilizar de seus mandatos e prerrogativas para alterar as relações entre os poderes estabelecidos. Para aumentar a complexidade da questão, essas jogadas pesadas, ou estocadas institucionais, que perduram no tempo e geram círculos de retaliação, vêm sendo empregadas ora na proteção da ordem constitucional, ora apenas com o objetivo de infligir derrotas aos adversários, evadir-se de suas responsabilidades legais ou simplesmente ampliar o poder dentro do sistema constitucional. Passamos a viver, assim, uma situação de profundo mal-estar constitucional que, no entanto, não se confunde com uma crise clássica de constituição.

Até as eleições de 2018, nenhum dos atores políticos institucionais assumiu publicamente a necessidade de tomar decisões à margem da Constituição como única forma de salvar o sistema. Pelo contrário, o que assistimos foi uma batalha de narrativas em que todos reivindicam estar agindo em defesa da Constituição e dentro de seu campo de competência, ainda que com argumentos controvertidos e métodos pouco heterodoxos. Também, não houve paralisia decisória em função de uma eventual inexistência de soluções constitucionais para o enfrentamento da crise política que levassem a uma intervenção de um elemento extraconstitucional.

O fato de a Constituição ter sobrevivido a esse período de forte turbulência não significa que sairá ilesa do novo ciclo da política brasileira.

Neste ponto em que nos encontramos no epicentro da turbulência, é muito difícil saber o quanto resta de lealdade à Constituição por parte dos atores políticos e institucionais. Paradoxalmente, as próprias urnas podem levar ao poder lideranças e facções políticas expressamente refratárias aos elementos que habilitam o jogo democrático, como os direitos fundamentais, princípios básicos do Estado de direito, assim como o sistema de separação de poderes.

Mais do que em qualquer outro momento de nossa história recente, a integridade da democracia estará associada a um robusto funcionamento do sistema de freios e contrapesos e da disposição das diversas lideranças políticas e institucionais de agir em defesa das regras do jogo democrático.[48]

2. A ideia de constituição

A constituição é uma norma superior, que aspira habilitar a competição política, regular o exercício do poder, assegurar o estado de direito e as regras básicas de justiça que devem pautar a relação entre as pessoas e entre a população e o Estado.[1] A função fundamental de uma constituição democrática é contribuir para que a sociedade seja capaz de coordenar politicamente conflitos e divergências, tendo como baliza os procedimentos democráticos e os princípios jurídicos por ela assegurados.[2] Não se trata, portanto, de um instrumento de coordenação qualquer, já que deve ser condicionado pelas regras e pelos valores que o habilitam e justificam.[3] Como os sistemas constitucionais não dispõem de um agente externo capaz de impor de maneira imparcial as suas regras aos diversos atores que participam da vida constitucional, o seu desempenho depende, sobretudo, da adesão e do autocomprometimento da sociedade e dos atores políticos e institucionais ao pacto constitucional. Quando isso não acontece, a constituição perde eficácia e, no limite, entra em crise.

* * *

A constituição é a principal invenção da modernidade voltada a prover uma solução prática ao problema antigo de conciliar a necessidade de organizar um governo com a aspiração de assegurar o maior grau possível de autonomia e liberdade para as pessoas. É fruto da crença iluminista na capacidade das sociedades humanas de tomar a história nas mãos, projetar suas instituições e controlar os seus próprios destinos.

O Antigo Regime não baseava a sua legitimidade em um ato de razão, nem mesmo em um ato político deliberado. Sua ordem era determinada pela tradição e pela religião, ou mesmo por um conjunto de pactos entre setores sociais, como a Carta Magna de 1215, que estabelecia uma concepção hierárquica e orgânica da sociedade. O amálgama entre esses pactos, o direito costumeiro, os mandamentos religiosos e os privilégios sedimentados através de séculos configurava a forma peculiar de cada comunidade se organizar. Cada um ocupava uma posição em função do seu nascimento, de sua origem, de seu ofício. O exercício do poder era justificado a partir dessa ordem "natural das coisas". No topo, a monarquia, com uma enorme quantidade de privilégios e poucas obrigações. Na base, os servos, com muitos deveres e pouquíssimos privilégios. Abaixo deles, os escravos, sujeitos apenas a obrigações. Esses diversos estamentos, corporações e classes, que se relacionavam a partir de uma determinada distribuição de privilégios e obrigações, foram se sedimentando ao longo de séculos.

Essa foi a ordem rompida pela Revolução Francesa. Luís XVI não foi apenas decapitado para ser substituído por um outro rei, como havia ocorrido muitas outras vezes ao longo da história. A sua decapitação simboliza o fim de uma ordem e sua substituição por uma nova ordem a ser constituída a partir da ação humana. O caminho já havia sido trilhado pelos norte-americanos. A revolução nas colônias britânicas impôs uma ruptura não apenas com a metrópole, mas também com a ordem política e social que prevalecia na Inglaterra.

Como lembra Hannah Arendt, a Revolução Americana foi inspirada em ideais como liberdade e igualdade. Derrubada a antiga ordem, impôs-se a necessidade da constituição de uma nova ordem baseada nos princípios revolucionários. Os rebeldes imediatamente assumiram o papel de fundadores. À sua disposição existia um novo repertório de ideias gestadas pelo Iluminismo e uma clara noção de que a história caminha em direção à emancipação e ao progresso. A abundância de terras e riquezas naturais, que não haviam sido apropriadas por nenhuma classe, permitia imaginar um novo tipo de sociedade, em que as pessoas livremente buscassem a satisfação de suas necessidades e a realização da felicidade; um ideal foi incorporado, por Thomas Jefferson, à Declaração de Independência, datada de 1776. Era a oportunidade de construir uma nova ordem, pactuada em cada país por uma constituição.[4]

Coube a Thomas Paine, escritor e revolucionário inglês que atuou tanto na Revolução Americana como na Francesa, oferecer a primeira definição moderna da constituição como "uma coisa que antecede um governo, e um governo é apenas a criatura de uma constituição. A constituição de um país não é um ato de seu governo, mas do povo que constitui um governo. Ela é um corpo de elementos ao qual você pode se referir e citar artigo por artigo, e que contém os princípios sobre os quais será estabelecido o governo [...]".[5]

Ao afirmar que a constituição é algo que "antecede um governo", Paine não está se referindo a uma questão temporal, mas sim afirmando que um governo somente será legítimo, e portanto deverá ser obedecido, quando funcionar de acordo com uma constituição que tenha primazia sobre sua autoridade, por ser expressão da vontade do povo, no caso norte-americano, ou da nação, no caso francês. A autoridade desse governo depende da constituição, que lhe confere atribuições e determina os seus limites.

De acordo com o artigo 16 da Declaração Francesa dos Direitos do Homem e do Cidadão, de 1789, "a sociedade em que não esteja assegurada a garantia dos direitos, nem estabelecida a separação dos poderes, não tem constituição". Esses são os pilares fundamentais no estabelecimento de uma ordem constitucional. De um lado, cria-se uma esfera de proteção aos direitos do indivíduo. De outro, organiza-se o poder do Estado de maneira fragmentada, de forma que as duas instâncias mutuamente se limitem, assegurando aos indivíduos a maior liberdade possível. Para Thomas Paine "a Constituição americana foi para a liberdade o que a gramática é para a língua".[6] A constituição, no sentido que lhe deu Paine, não se confunde com nenhum outro tipo de arranjo político. Trata-se de uma forma de coordenação política voltada a assegurar direitos.

É verdade que o termo constituição é muito antigo. No entanto, não designava a mesma coisa. O seu significado era muito distinto daquele assumido a partir da Revolução Americana. *Constitutio* era apenas um edito em Roma. E *constitutiones*, no plural, um conjunto de leis e editos decretados pelo soberano. O termo também foi empregado durante o período medieval pela Igreja, para designar regras estabelecidas pelo papa. Jamais, porém, no sentido que hoje atribuímos à palavra constituição, de uma norma superior voltada à estruturação do poder e à garantia dos direitos.[7]

A confusão em torno do significado da palavra constituição ficou ainda maior, segundo Giovanni Sartori, pela decisão equivocada de muitos autores de traduzir o termo *politeia*, do grego, como constituição. Aristóteles utilizava a palavra *politeia* para descrever o modo como diferentes cidades gregas organizavam seus governos. Nesse sentido, *politeia* significa forma de governo.[8] Tem um sentido meramente descritivo. Quando o poder está nas mãos de uma só pessoa, temos uma monarquia. Quando concentrado em poucas e boas pessoas, o governo é aristocrático. Por sua vez, o governo é democrático quando o poder está entregue aos cidadãos. As versões corrompidas dessas formas de governo ocorrem quando o poder de um, de poucos ou de muitos não está sendo exercido em nome do bem comum. Nesse caso teríamos, respectivamente, tirania, oligarquia e demagogia.

O termo constituição, em latim, como salienta Giovanni Sartori, era uma expressão "vacante", disponível no vocabulário político e jurídico do século XVIII e que servia perfeitamente para designar os atos "constitutivos" da nova nação norte-americana e da refundação da francesa. A palavra constituição permitia designar, ao mesmo tempo, o ato de constituir e o objeto constituído. E assim foi feito. Desde então, raras são as sociedades que não chamam de constituição a norma ou o conjunto de normas que organizam o poder e estabelecem os direitos. Mesmo países sem uma constituição formal (expressa num documento jurídico unitário), como a Inglaterra ou Israel, designam como constitucionais determinadas regras de organização política e disposições relativas aos direitos fundamentais.

A engenhosidade dos Pais Fundadores, assim chamados por terem participado da elaboração da Constituição norte-americana de 1787, não foi apenas criar um sistema de governo que buscasse conciliar a necessidade da autoridade com a aspiração de liberdade, mas fazê-lo por intermédio de uma lei que não pudesse ser alterada pelo próprio governo que estava sendo criado, ou pelo menos que não pudesse ser facilmente alterada.[9] Portanto, tratava-se de uma lei superior aos poderes por ela constituídos e também superior aos atos produzidos por esses poderes. Em termos políticos, essa superioridade deriva de sua origem, que é o poder constituinte. Juridicamente essa superioridade é assegurada por dispositivos estabelecidos pela própria constituição para tornar mais difícil a sua modificação. Para Carl Schmitt, não se deve pensar que a supremacia da constituição decorra da maior dificuldade para reformá-la. Ao contrário, a maior dificuldade para reformar a constituição é uma decorrência de se tratar de uma lei de natureza superior, fruto de uma decisão política fundamental.[10]

Ao determinar que a constituição que estavam criando apenas poderia ser alterada por dois terços dos membros das duas Casas do Congresso, combinados com a aprovação de três quartos das legislaturas estaduais, os membros da Convenção de Filadélfia conferiram à constituição uma posição de primazia em relação às demais leis e às instituições que estabelecia. Essa posição de supremacia habilitou a constituição a servir como instrumento de proteção das regras que devem organizar o governo e assegurar direitos, colocando-a acima de eventuais ataques dos poderes constituídos e permitindo que exerça um papel fundamental no processo de coordenação do sistema político.

Essa engenhosa peça de arquitetura institucional foi consolidada em 1803, com a decisão da Suprema Corte dos Estados Unidos no caso *Marbury v. Madison*. De acordo com o argumento do juiz Marshall, sendo a constituição uma lei superior, a *paramount law*, as demais leis ou atos que lhe fossem contrários não teriam validade, podendo deixar de ser aplicados pelo Judiciário. Assim, um ato contrário à constituição não seria apenas fruto de mau governo, como entendiam os antigos, mas um ato inválido, um "ato de poder contrário ao direito", como diria Paine. Com a adução do controle de constitucionalidade das leis ao edifício constitucional, a ideia de constituição como lei superior tornou-se ainda mais robusta.[11]

* * *

Esse conceito de constituição colocado de pé pelos Pais Fundadores, na Convenção de Filadélfia de 1787, exerceu uma enorme influência sobre todos aqueles que se viam desafiados a enfrentar o intratável problema de conciliar a necessidade do exercício do poder com a ambição de assegurar a autonomia individual. A necessidade de lidar com essa questão não era recente, mas ganhou novos contornos com o Iluminismo. A noção de que os homens eram dotados de direitos naturais, que precedem a existência do poder político e, portanto, não podem ser eliminados pelo Estado, era estranha ao mundo antigo. Embora conhecessem e utilizassem o conceito de direito subjetivo, de uma esfera de proteção ao interesse de uma pessoa ou corporação, esse direito estava associado à noção de status e não poderia ser contraposto ao poder soberano, a não ser por atos de resistência. Não era compreendido como esfera de proteção superior, inerente a "todas" as pessoas pelo simples fato de serem humanas.

Esse imperativo, derivado da filosofia política de autores como John Locke e Immanuel Kant,[12] foi incorporado pela Declaração de Independência norte-americana, escrita por Thomas Jefferson em 1776, ao reconhecer como "autoevidentes que todos os homens são criados iguais, sendo-lhes conferidos pelo seu Criador certos direitos inalienáveis, entre os quais se contam a vida, a liberdade e a busca da felicidade. Que, para garantir esses direitos, são instituídos governos entre os homens, derivando seus justos poderes do consentimento dos governados".

O deslocamento da pessoa para o centro do pensamento político teve início com o Renascimento. Isso pode ser detectado nas artes, na literatura e na própria ciência política. Quando nos detemos a observar as diferenças entre a pintura pré e pós-renascentista, não precisamos ser eruditos críticos de arte para observar que as imagens humanas antes eram uma espécie de projeção etérea da dimensão divina. Às imagens de crianças e mulheres roliças e translúcidas que habitavam o Paraíso se opõem os homens e mulheres de carne e osso retratados e esculpidos por Michelangelo. Basta olhar para a imagem da Criação, pintada no forro da Capela Sistina, onde não mais o homem é feito à imagem e semelhança de Deus, senão Deus pintado à imagem de um homem, com mãos e braços de um lavrador, com músculos e veias que lhe dão movimento. É como se os homens estivessem sendo deslocados para o centro do universo.

O mesmo movimento pode ser percebido na política. Maquiavel, por intermédio de *O príncipe*, desconstrói a concepção medieval de que o exercício do poder é uma consequência da vontade de Deus. É o príncipe, através da ação racional, da articulação entre os fins que pretende alcançar e os meios de que dispõe, que modela o universo da política. Ao extrair em sua obra os exemplos mais sórdidos de como diversas personagens tinham conquistado e mantido seus reinados, inclusive o papado, Maquiavel buscava demonstrar que o exercício do poder não estava ligado a nenhuma ordem natural das coisas. Em favor de Maquiavel, Rousseau argumentava que, ao pretensamente dar conselhos ao príncipe sobre as formas de conquistar e manter o poder, o autor d'*O príncipe* estava, na verdade, ensinando às pessoas comuns a forma como eram subjugadas,[13] mostrando que a política e suas instituições eram fruto única e exclusivamente da ação humana e não da vontade divina ou de uma tradição imemorial.

Essa noção de que os seres humanos são dotados de razão, e, portanto, estão legitimados a decidir o seu próprio destino, será levada às últimas consequências pelos iluministas nos séculos seguintes não como constatação, mas como pressuposto moral. Autores como Thomas Hobbes, John Locke e Jean-Jacques Rousseau assumem que o exercício do poder somente será legítimo quando derivado de alguma espécie de consentimento dos indivíduos, obtido por intermédio de um pacto ou contrato social.[14]

Embora muito distintos entre si, o que há em comum entre esses autores é o seu método de pensamento. Partindo do pressuposto de que todas as pessoas no estado de natureza são dotadas de racionalidade, perguntam: em que termos estariam dispostas a se submeter ao poder civil? Recorrem, então, a um experimento puramente abstrato para buscar demonstrar qual seria a melhor forma de governo que a razão nos ditaria. Ou seja, estão em busca de uma teoria da melhor forma de governo, que mereça ser obedecido. Imaginando que os homens se encontrassem em estado de natureza, um ambiente destituído de autoridade civil, com todas as suas agruras, o que estariam dispostos a fazer, ou ceder, para criar um governo capaz de melhorar as suas vidas? Nenhum desses autores estava de fato tomando o estado de natureza ou o contrato social, que levaria à constituição do poder civil, como uma realidade histórica. Trata-se apenas de um método filosófico para que se possa reivindicar que, se tivéssemos a possibilidade de escolher, consultando a nossa razão, estabeleceríamos uma forma de governo que nos fosse mais conveniente e justa, ou que preservasse em maior medida a nossa liberdade ou igualdade. Portanto, o que se propõe é apenas uma ideia reguladora, como se a partir daí tivéssemos uma régua pela qual pudéssemos mensurar se um governo é ou não legítimo.

Esse método de pensamento arquitetado pelos contratualistas — que deriva direitos, obrigações morais e uma determinada forma de organização política do exercício da razão abstrata — será duramente criticado por correntes empiristas do Iluminismo. Em seu ensaio "Da origem do governo", Hume, contemporâneo e amigo de Rousseau, atribui à noção de direitos naturais e de contrato social uma mera função mistificadora. A força e a violência sempre determinariam historicamente por quem e como será exercido o poder; o que já havia sido ensinado por Maquiavel. Hume não nega que o consentimento seria a forma mais justa de fundar o poder. Isso não significa, porém, que seja a verdadeira na prática. O autor não contesta que a justiça, os direitos e a bondade sejam valores importantes, mas eles derivariam sua força de convenções reais, estabelecidas de forma concreta no interior de cada sociedade, e não de meras abstrações. Hume foi o primeiro a compreender que uma constituição só será eficaz quando servir como um instrumento de coordenação política. A metáfora do contrato seria uma mistificação voltada a encobrir a sua real natureza.[15]

Essas críticas, dificilmente refutáveis da perspectiva teórica, não anulam a influência das ideias contratualistas sobre as revoluções burguesas e sobre a reconfiguração da ordem política aberta por esses movimentos. A questão é como transformar essas aspirações em ações políticas concretas, como tornar a ideia abstrata de pacto social em um pacto político efetivo ou os direitos naturais em direitos legais. O que o Iluminismo proporcionou aos revolucionários foi a perspectiva de que não precisariam olhar apenas a história e a tradição para conformarem a nova ordem política. Deveriam antes de tudo invocar a razão, olhando o futuro, para modelar o próprio destino a partir dos princípios e objetivos que os levaram a fazer a revolução.

O PODER CONSTITUINTE

A partir das críticas de Hume, o problema da legitimidade parecia ter voltado à estaca zero. O Estado precisava impor condutas aos cidadãos, mas não podia fazer isso sob a alegação de uma autorização divina (como no Antigo Regime) ou mesmo a partir da confortável abstração do contrato social. No constitucionalismo moderno, o poder político deveria resultar da vontade humana, expressa por intermédio de um documento escrito que fosse capaz de habilitar o governo e estabelecer os limites para o seu funcionamento. Era preciso identificar a vontade do povo nesse novo modelo. Foi justamente essa a função da "teoria do poder constituinte".

Foi o que os Pais Fundadores colocaram em prática ao atribuírem ao povo, "*We the people*", a elaboração da Constituição em 1787. No mesmo sentido, o abade Sieyès irá buscar justificar a legitimidade do Terceiro Estado como representante da "nação", para em seu nome elaborar uma constituição para a França após a Revolução. A teoria do poder constituinte, tanto na França como nos Estados Unidos, passa a ocupar uma posição central no edifício constitucional, pois é o que confere legitimidade à reivindicação de supremacia da constituição.[16]

Era preciso resolver problemas práticos na estrutura do poder. Os constituintes franceses e norte-americanos tinham clareza de que numa comunidade política tão ampla a democracia participativa, como imaginada por Rousseau, seria algo inviável. França e Estados Unidos eram grandes territórios, com uma população dispersa. A democracia ateniense, praticada em praça pública, de forma direta, não se revelava um modelo plausível. Eventualmente poderia ser empregada em escala local na América do Norte, mas não para reger a *Union* ou a *Republic* que se estava estabelecendo. Para isso seria necessário criar uma estrutura de representação, pela qual os cidadãos pudessem transferir aos seus líderes a responsabilidade de governar em nome do povo. Como garantir, no entanto, que esses representantes não iriam usurpar a soberania popular?

A teoria do poder constituinte também contribuiu para solucionar esse problema, estabelecendo uma distinção entre uma esfera política *constituinte*, superior, e outra *constituída*, subalterna. A esfera *constituinte* seria, por definição, de titularidade do povo. O poder constituinte seria responsável pelo estabelecimento das regras básicas de organização política, assim como determinaria os limites a serem observados pelo poder *constituído*. Os representantes eleitos estariam dessa forma subordinados ao povo ao exercerem a função de governar com base nas regras constitucionais, estabelecidas pela soberania popular. A constituição seria a expressão da vontade popular e soberana a delimitar o exercício do poder pelos representantes, eleitos para governar em seu nome. Com isso o povo seria ao mesmo tempo governante e governado. Governado pelos seus representantes, por intermédio de leis, políticas e mesmo sentenças judiciais, e governante por intermédio da constituição.

No entanto, os Pais Fundadores temiam que o governo republicano que estavam estabelecendo, no qual a legitimidade do poder estava associada à soberania popular, colocasse em risco outros valores também embalados pela constituição, como a garantia de direitos. Como assegurar que um governo que deveria responder à vontade da maioria não colocasse em risco os direitos e interesses da minoria? Se a revolução havia sido feita em nome do povo e, em alguma medida, levada a cabo por ele, como impedi-lo de realizar determinados atos que se contrapusessem à minoria? O mito do poder constituinte contribui para a solução desse problema, pois permite argumentar que, sendo a constituição fruto da vontade popular, teria primazia sobre os atos produzidos pelos poderes constituídos. A origem popular conferiria à constituição supremacia sobre os atos do governo, que são medidas tomadas pelos representantes da população, mas não pelo próprio povo.[17]

A desconfiança dos Pais Fundadores nos representantes não deve ser subestimada. Muitos dos líderes revolucionários, embora temessem o povo, também receavam que os representantes pudessem usurpar o poder e atentar contra o bem comum. Como ficará claro nos argumentos levantados por James Madison, a revolução havia sido empreendida sobretudo para afastar o risco da tirania, qualquer que fosse. Se no regime monárquico o risco era de que a minoria usurpasse os direitos da maioria, num regime republicano, como aquele que estava sendo concebido na América do Norte, o risco era de que a maioria pudesse usurpar os direitos da minoria. Daí a necessidade de uma lei superior que organizasse o poder de forma a neutralizar o das maiorias, caso investissem contra os direitos da minoria. Trata-se de um dilema inerente a um governo republicano, já que os direitos naturais são tomados como o elemento central da estrutura política.

É preciso criar alguma estrutura política que favoreça a proteção dos direitos para que não se mantenham como mera abstração. Essa estrutura, na percepção de Madison, é um sistema de freios e contrapesos, de acordo com o qual as instituições de governo são dispostas de tal maneira que a ambição humana dos que ocupam um poder controle a ambição humana daqueles que exercem um outro. O funcionamento desse esquema também depende de uma lei superior. Mais uma vez o mito fundacional, em que "We the people" se encontra no centro, favorecerá a existência de um regime de natureza republicana, porém limitado pelo direito.

Todos sabemos que nem a constituição americana, a francesa ou nenhuma outra foram de fato elaboradas pelo povo. No máximo foram preparadas pelos seus representantes, longamente debatidas com a sociedade, e por fim aprovadas por algum tipo de manifestação de democracia direta, como um referendo. A teoria do poder constituinte, ao distinguir entre titularidade e exercício desse poder, mantém preservado o mito do legislador supremo, onipotente e onisciente, do qual deriva uma norma superior a todas as demais, mas sem entregar ao povo as rédeas da elaboração da constituição. Logo, a ideia de supremacia constitucional, que contribui para resolver o problema da coordenação política, da representação e dos riscos de uma tirania da maioria sobre a minoria, está umbilicalmente ligada à teoria do mito do poder constituinte como expressão máxima da vontade popular.

A ideia de que seria possível abandonar a antiga ordem política e social e fundar uma nova — a partir de um ato político de vontade, fundado na razão, como sugeria John Locke — não foi recebida sem ceticismo e mesmo deboche por muitos de seus contemporâneos. Edmund Burke talvez tenha elaborado a crítica mais contundente à ideia de que seria possível estabelecer uma nova ordem política e social a partir da consulta à razão. Para ele, a organização social e o sistema político eram uma consequência de séculos de experiências que foram se sedimentando paulatinamente. A sabedoria de um homem, ou mesmo de uma geração de homens, não seria capaz de superar aquilo que a história tratou de estabilizar. Em alguma medida, o pensamento de Burke sugere que as instituições existentes num determinado tempo e lugar resultam de um longo processo de seleção "evolutiva", prevalecendo aquelas que contribuem para a boa ordenação da sociedade. Seria uma miragem, além de uma irresponsabilidade, buscar substituir as instituições formadas, adaptadas e lapidadas pela inteligência e a experiência de gerações por outras lastreadas exclusivamente no ardiloso conceito de razão e numa abstrata e falsa concepção de contrato social.

Ninguém sintetizou melhor esse desdém pela nova concepção racionalista de constituição do que o escritor inglês Arthur Young. Em seus escritos sobre suas viagens à França entre 1787 e 1789, Young comenta que a constituição é um novo termo que "eles adotaram; o qual usam como se uma constituição fosse um pudim, a ser feito a partir de uma receita". Ainda que não desprezem a razão, como salienta Charles McIlwain em seu clássico ensaio *Constitutionalism: Ancient and Modern*, de 1947, para esses autores a razão estava associada sobretudo ao teste da história. Assim, "os costumes e as leis efetivos são provavelmente o critério mais seguro para aquilo que a razão é".[18] A história, os costumes e a tradição são os melhores filtros para a razão, não a mente de um conjunto de homens, circunscritos ao seu tempo, circunstâncias e paixões, reunidos em uma assembleia.

A crítica de Burke, no entanto, não se limitou a questionar o método de pensamento dos iluministas, a sua cega confiança na razão abstrata. Em seu *Reflexões sobre a revolução em França*, de 1791, também alerta para uma segunda fragilidade da empreitada constitucional levada a cabo pelos franceses. Imaginar que a simples proclamação de direitos, ou a adoção de uma carta redefinindo o modo de exercer o poder, seria suficiente para alterar uma realidade estruturada por costumes, tradições e antigas convenções arraigadas na cultura de um povo seria uma enorme ingenuidade. As pessoas não deixariam de ser o que eram, as diferenças não desapareceriam porque o artigo 1º da Declaração passou a estabelecer que "os homens nascem e são livres e iguais em direitos". E pior seria se as pessoas viessem a se convencer da validade desses direitos. Estaria aberta a porta para a desordem.[19] Essa afirmação deixa clara a natureza conservadora do pensamento de Burke.[20] Isso não invalida, no entanto, a força de seu argumento no que se refere à eficácia da constituição como instrumento de mudança da ordem política e social.

A esquerda também irá olhar para o movimento constitucional com imensa desconfiança. Para o jovem Marx, a ideia de uma carta de direitos que estabelece uma cisão entre a esfera privada e a esfera pública, impondo um limite absoluto à intervenção do Estado à propriedade, era apenas uma forma jurídica de acobertar a exploração dos que não detivessem os meios de produção. É importante lembrar que o último artigo da Declaração Francesa, de 1789, conferia à propriedade o status de direito "inalienável e sagrado". Portanto, um direito que não poderia ser limitado. Da mesma forma, a consolidação do direito do cidadão para contratar livremente permitiria que aqueles que não detivessem os meios de produção fossem obrigados a vender a sua força de trabalho aos proprietários como uma medida de necessidade.[21] O modelo orquestrado pela carta de direitos, associado a um mecanismo de separação de poderes que favorecia um Estado liberal, apenas encobriria e legitimaria um sistema de opressão dos proletários pela classe burguesa. Com as críticas tanto da esquerda revolucionária quanto do conservadorismo elitista, a constituição se sagrou como modelo vencedor do pensamento e da ação política do século XIX em diante, pelo menos nominalmente.

LINHAGENS CONSTITUCIONAIS

Segundo Giovanni Sartori, "a constituição é uma boa palavra. Tem propriedades emotivas favoráveis, como liberdade, justiça ou democracia. Assim a palavra é mantida, ou adotada, ainda quando a associação entre a dita 'constituição' e a resposta comportamental que ela evoca se torna inteiramente sem sentido".[22] Esse fato favoreceu a consolidação do emprego do termo constituição para designar as mais variadas formas de organização política que surgiram nos últimos dois séculos, mesmo aquelas que negam os ideais de consentimento dos governados, de separação de poderes e de direitos fundamentais. O termo também passou a ser utilizado por sistemas políticos que ampliaram o papel da constituição, acrescentando outras responsabilidades que não apenas organizar o sistema de governo e assegurar direitos. Em razão dessa natureza positiva do termo constituição, testemunhamos ao longo dos dois últimos séculos a sua apropriação, adaptação e mesmo falsificação pelas mais variadas ideologias, dando origem a uma diversidade de linhagens constitucionais.

A constituição conservadora

Na Europa e em outros continentes onde passou a ser adotada para organizar os regimes pós-coloniais, a constituição tem um caminho mais tortuoso do que nos Estados Unidos. Com a Restauração na França, a ideia de que o texto constitucional era uma expressão da vontade do povo ou da nação foi rapidamente substituída pelo conceito de constituição como um pacto entre o monarca soberano e as demais classes, pelo qual a figura do rei se mantém como fonte legítima da soberania, ainda que seus poderes sofram limitações.

O jurista e político suíço radicado na França Benjamin Constant talvez seja o maior representante do constitucionalismo conservador que se alastrou pela Europa no século XIX. Constant propõe um esquema em que o rei concentra em suas mãos diversas atribuições — além das funções executiva, legislativa e judiciária, também a de poder "neutro", responsável por mediar o conflito entre os demais poderes e proteger a constituição de seus ataques. A constituição deveria se concentrar em garantir as liberdades negativas, voltadas a limitar a ação do Estado, em detrimento dos direitos de participação ativa na vida da comunidade que hoje conhecemos como direitos políticos ou de cidadania. É dele a clássica distinção entre "liberdade dos antigos", como eram vistos os poderes de participação do cidadão nas democracias gregas, e as "liberdades dos modernos", oriundas da Revolução Inglesa, destinadas a colocar limites à ação do Estado.[23]

A ideia de uma constituição que restabelecesse o poder monárquico, ainda que submetido a determinados limites, teve imediata repercussão em muitos países onde a monarquia, para se manter no poder, se via obrigada a ceder determinadas prerrogativas. Por intermédio de uma constituição, instituía-se uma espécie de governo misto, no sentido que lhe dava Montesquieu, em que os poderes eram distribuídos entre as principais classes sociais, mas sob o controle do rei, que não abria mão da soberania. Foi esse modelo de constituição conservadora que adotamos no Brasil em 1824, pelo imperador Pedro I. Outros exemplos dessa linhagem constitucional são as constituições da Espanha de 1812, da França de 1814, 1830 e 1852, da Bélgica de 1831, da Itália e da Áustria de 1848 e ainda da Prússia de 1850.

Com o avanço do capitalismo e o consequente acirramento do conflito de classes, com a crise do imperialismo europeu, o modelo de constituições monárquicas conservadoras foi colocado em xeque. O início do século XX foi marcado pelo que Max Weber chamou de um forte processo de "desencantamento", decorrente de uma profunda transformação no modo como passamos a pensar inúmeras categorias, entre as quais o direito.[24] Conceitos mais universais como justiça e mesmo constituição foram perdendo seu significado original e sendo instrumentalizados para formalizar aquilo que era estabelecido pelo soberano. Numa sociedade plural e em forte transformação, com múltiplas concepções de verdade em disputa, o direito foi paulatinamente se descolando de um sistema de proteção de valores mais substantivos para um mecanismo formal ou processual de estabilização de expectativas, passando a ser reconhecido apenas pela sua forma — e a forma da constituição é a sua supremacia. Para Hans Kelsen, representante máximo do positivismo jurídico, nesse período a constituição significava apenas "a norma positiva, ou normas positivas através das quais é regulada a produção das [outras] normas jurídicas [...]".[25]

A erosão da constituição

Dissociado de seu conteúdo, o termo constituição mais uma vez vai ser utilizado para designar regimes que são estranhos, senão avessos, à concepção constitucional de constitucionalismo. A adoção de textos constitucionais por regimes autoritários e mesmo totalitários ao longo do século xx é um exemplo clássico do uso corrompido de um instituto. Chamar de constituição a Carta de 1937 outorgada por Vargas ou o que foi feito da Constituição de Weimar após a ascensão de Hitler é reconhecer a legitimidade de atos políticos que subverteram e ignoraram os limites que uma verdadeira constituição impõe ao poder político por meio de uma fraude analítica e linguística. Weimar nos dá o exemplo mais dramático do processo de erosão de uma constituição a partir de seus próprios procedimentos. Como seu artigo 76 exigia apenas um quórum ordinário para ser reformada a constituição, desde que houvesse pelo menos dois terços de deputados e senadores em cada uma das Casas, o Partido Nacional Socialista não encontrou limites para concentrar os poderes nas mãos do Führer. Surpreende que uma das poucas vozes contrárias à subversão da constituição a partir de suas regras tenha sido Carl Schmitt, jurista conservador, que posteriormente iria aderir ao regime.[26] Schmitt argumentava que o parlamento, por não dispor de poderes soberanos — de acordo com a concepção democrática pela qual a soberania constitucional reside no povo —, não poderia alterar as bases do exercício do poder. Nas suas palavras: "o sistema de sufrágio democrático, por exemplo, não poderia ser substituído, seguindo o artigo 76, por um sistema de conselhos; os elementos federais contidos hoje na constituição do Reich não podem ser suprimidos [...] se convertendo em golpe, por uma 'lei de reforma da constituição', em um Estado unitário".[27] Sendo a constituição um ato de soberania, não cabe ao parlamento alterar as suas estruturas fundamentais. O que o processo de reforma permite é a correção de rumos, mas não a erosão do texto.

O caso alemão é muito distinto, do ponto de vista jurídico, da tomada do poder pelos militares no Brasil, quando ocorreu a simples quebra da ordem constitucional anterior. A edição dos diversos atos institucionais submeteu a Constituição de 1946 ao poder de fato dos militares até que fosse substituída pela Carta de 1967. Vale a pena ler o ato institucional nº 1, de 9 de abril de 1964, para compreender a força e o peso emotivo do conceito de constituição. Consta de seu preâmbulo a seguinte justificativa:

> A revolução vitoriosa se investe no exercício do Poder Constituinte. Este se manifesta pela eleição popular ou pela revolução. Esta é a forma mais expressiva e mais radical do Poder Constituinte. Assim, a revolução vitoriosa, como Poder Constituinte, se legitima por si mesma. Ela destitui o governo anterior e tem a capacidade de constituir o novo governo. [...] A revolução vitoriosa necessita de se institucionalizar e se apressa pela sua institucionalização a limitar os plenos poderes de que efetivamente dispõe.

É fascinante como o poder de fato, fruto da violência e do arbítrio, busca legitimação se apropriando da retórica e do prestígio da moeda constitucional. Em primeiro lugar, ao se assumir como poder revolucionário, usurpa a titularidade do poder constituinte, como fundamento último da soberania. Porém, no final do parágrafo, se rende mais uma vez à gramática constitucional, afirmando que mesmo a revolução necessita institucionalizar-se e, por conseguinte, limitar os seus próprios poderes, o que evidentemente era uma contradição em termos. Pouco mais de um ano depois, com a edição do ato institucional nº 2, em 27 de outubro de 1965, os militares deixam claro que "a autolimitação que a Revolução se impôs no Ato Institucional, de 9 de abril de 1964, não significa, portanto, que, tendo poderes para limitar-se, se tenha negado a si mesma por essa limitação, ou se tenha despojado da carga de poder que lhe é inerente como movimento. [...] A revolução está viva e não retrocede".

Não há exemplo mais explícito de uma ação contrária ao conceito de constituição, diretamente vinculado à sua origem democrática como manifestação do poder constituinte do povo, e negação do éthos constitucional, segundo o qual os poderes se encontram condicionados pelo direito, do que esse conjunto de atos institucionais. Essas passagens dos atos institucionais números 1 e 2 compõem a síntese da negação do conceito de constituição, ainda que se tenha feito um enorme esforço para se apropriar de sua força legitimadora. Afinal, como parece ter razão Sartori, a constituição "tem propriedades emotivas favoráveis", é algo bom e positivo, como a democracia, a justiça, a liberdade ou a igualdade, e por isso mesmo aqueles que chegam ao poder de modo fraudulento buscam invocá-la a seu favor.

Nesse sentido, parece-me acertada a decisão de muitos constitucionalistas sobre designar como "carta" e não "constituição" os documentos que organizam o poder em regimes que não são democráticos e nos quais não há limitação ao exercício do poder. Se a "carta" confere ao Duce, ao Führer, ao caudilho, ao Comitê Central ou ao ditador todos os poderes ou, ainda que não o faça explicitamente, deixa de estabelecer alguma forma de limitação ou controle sobre os seus atos, não será possível distinguir entre atos de direito e atos de poder, como diria Thomas Paine. Logo, não há constituição na verdadeira acepção da palavra. Seria como denominar democrático um regime ditatorial. Uma contradição em termos.

A regeneração constitucional

Após um longo período em que o termo constituição foi utilizado de forma abusiva para camuflar o exercício arbitrário do poder em diversas partes do mundo — seja o poder totalitário na Alemanha e na Itália na primeira parte do século XX; o poder autoritário na Europa ibérica e em grande parte dos países da América Latina na segunda metade do século passado; os regimes de partido único do Leste Europeu, que tiveram fim com a queda do Muro de Berlim; ou ainda a brutalidade dos regimes coloniais na Ásia e África —, a constituição recobrou sua força como instrumento de habilitação da democracia, organização e limitação do poder e garantia de direitos a partir de meados do século XX. Com a queda desses regimes autocráticos nas sucessivas ondas de democratização que ocorreram a partir da Segunda Guerra Mundial, a constituição voltou a ocupar um espaço central na linguagem política como uma ferramenta de organização do poder, da democracia, da garantia de direitos, assumindo ainda outras responsabilidades na transformação da sociedade.

A começar pela Lei Fundamental de Bonn, de 1949, adotada pela Alemanha após a derrocada do nazismo, muitas constituições elaboradas na segunda parte do século XX e início do século XXI terão um forte aspecto reativo aos regimes que as antecederam.[28] Grande parte dessas constituições é moralmente carregada, em contraposição às concepções formalistas do início do século XX. O conceito de dignidade humana passa a ocupar um papel de princípio central, a partir do qual o exercício do poder e mesmo a interpretação dos outros direitos estarão vinculados. Os direitos fundamentais são transferidos para o centro do edifício constitucional. É o que ocorre também com a Constituição brasileira de 1988, em que uma longa carta de direitos é estabelecida logo no início do texto, para deixar claro que os poderes constituídos são instrumentos da realização de direitos.

Muitas dessas constituições também irão se preocupar em assegurar uma maior proteção aos seus princípios fundamentais contra eventuais investidas de governantes autoritários ou mesmo maiorias dispostas a destituir minorias discriminadas de seus direitos. Daí a proliferação de cortes constitucionais, com amplos poderes para invalidar atos e normas contrários à constituição. Em nosso caso, muito embora não tenha havido a criação de uma, o Supremo Tribunal Federal passou a acumular as funções de tribunal de recursos e corte constitucional. Uma segunda medida de proteção de muitas constituições pós-autoritárias contra o risco de erosão constitucional, como o ocorrido na Alemanha nazista, foi a adoção de cláusulas supraconstitucionais, ou pétreas, voltadas a proteger os elementos essenciais da democracia e dos direitos fundamentais contra eventuais ataques oriundos dos poderes constituídos. Como consequência da adoção dessas cláusulas, transfere-se ao Judiciário a competência para controlar o poder de reforma da constituição, colocando em risco a sua essência. Talvez a manifestação mais contundente desse poder de controlar a constitucionalidade da própria constituição tenha sido da Corte Constitucional da África do Sul, quando declarou inválidos dispositivos da nova constituição em face dos princípios acordados no processo de transição, como a igualdade e o estado de direito.

Muitas das constituições da democracia contemporânea, além de reforçar a sua dimensão moral por intermédio de robustas cartas de direitos e maior poder do Judiciário na defesa desses direitos, também passaram a contemplar outras ambições. Não se poderia esperar que um país com as dimensões da Índia, que superou o colonialismo inglês sob a liderança de Gandhi e Nehru no final dos anos 1940, fosse adotar uma constituição semelhante à norte-americana de 1787, ou à suíça de 1848. O mesmo pode ser dito da África do Sul, depois de derrubado o regime da segregação racial, ou do Brasil em 1988, com o fim do regime militar. Essas e muitas outras constituições elaboradas nas últimas décadas não se limitaram a incorporar o modelo liberal democrático aos seus textos. A necessidade de superar problemas estruturais — como a divisão da sociedade em castas na Índia, a segregação racial na África do Sul, a pobreza e a desigualdade no Brasil — levou essas novas constituições a também incorporar regras voltadas à transformação de suas sociedades, daí serem chamadas de constituições dirigentes ou transformadoras. Além de estabelecer o sistema político e os direitos negativos, seus textos reconhecem uma ampla esfera de direitos sociais e de grupos vulneráveis, além de políticas públicas e instituições voltadas a assegurar a transformação da sociedade. O que caracteriza essa linhagem constitucional é buscar conciliar as demandas de assegurar liberdades com a ambição de reduzir desigualdades dentro de um sistema democrático.[29]

MODELOS DE CONSTITUIÇÃO

Muitos são os critérios e as formas que podem ser utilizados para classificar as constituições, como rigidez, tamanho, eficácia, existência ou não de sistemas de controle de constitucionalidade, regime de governo (se parlamentarista ou presidencialista), se federais ou unitárias, e mesmo quanto aos direitos que reconhecem, se mais liberais ou também sociais. Realizar uma taxonomia completa diante de tantos critérios, e sobretudo de um número imenso de constituições, poderia ser uma empreitada pouco frutífera, ainda mais porque uma mesma constituição conjuga diferentes facetas dessa variedade de pressupostos. Assim, embora reconheça a pertinência e a relevância das classificações jurídicas clássicas, proponho analisar os modelos de constituição utilizando um critério bastante simples, formulado pelo cientista político Arend Lijphart em seu livro *Modelos de democracia*, para classificar a diversidade institucional entre as democracias, mas que me parece pertinente também para compreender a diversidade de modelos constitucionais.[30]

Lijphart divide os regimes democráticos entre aqueles que são mais majoritários e os que são mais consensuais. Majoritários seriam regimes em que, a partir de um pleito eleitoral, todo o poder é transferido aos representantes que formam os governos, que com isso podem sem maiores entraves institucionais levar a cabo seus projetos políticos. A democracia contemporânea que mais se aproximaria a esse modelo é certamente a inglesa, baseada na ideia de soberania de seu parlamento. Daí esse arranjo ser chamado de modelo de Westminster.

Do outro lado estariam as democracias consensuais, em que há um conjunto de elementos institucionais para fazer com que a manifestação da vontade popular, expressa através do voto, passe por diversos filtros antes de se transformar em uma política. Esses filtros impõem, na prática, uma maior necessidade de se buscar o consenso dentro do sistema político para que determinado tipo de ação possa ser aprovado e implementado. Não basta um partido obter a maioria parlamentar ou um presidente ter a maioria de votos numa eleição direta. Para que o governo realize as suas ambições, tem que obter o consenso das distintas instituições e, em alguns casos, a adesão de minorias. Grande parte dos regimes democráticos contemporâneos é consensual, a começar pelo fato de que adotam constituições rígidas que criam constrangimentos para que a maioria realize sua vontade livremente. Nesse sentido, as democracias constitucionais são, por natureza, consensuais. São democracias porque acatam o princípio da soberania popular, mas não se pautam apenas pela regra da vontade da maioria.

O que muda entre os diversos modelos de democracia constitucional é o grau de consensualidade exigido para que as decisões sejam consideradas válidas. Muitos são os elementos que fazem um sistema constitucional ser mais ou menos consensual.

Vou chamar a atenção apenas para três deles, que são constitutivos da própria definição de constituição: a supremacia constitucional, que pode impor maiores graus de consensualidade pelo modo como se configuram sua rigidez e modelo de controle de constitucionalidade; as distintas formas de organização da representação e a disposição das funções de governo, que também implicam favorecer soluções mais ou menos consensuais pela forma de relação entre os poderes Executivo e Legislativo; a quantidade de partidos políticos e o modo de eleição de parlamentares; e, por fim, a dimensão na qual são acolhidos os direitos fundamentais que, por sua essência, colocam limites processuais e substantivos à vontade da maioria, ainda que muitos sejam indispensáveis para a realização da própria democracia.

Supremacia constitucional

A supremacia da constituição é um fato tanto político como jurídico. Politicamente a constituição reivindica um lugar de proeminência em relação às demais normas do ordenamento jurídico pelo fato de ser a expressão da vontade constituinte, enquanto as demais leis são produto da vontade constituída. Juridicamente essa supremacia é assegurada tanto pela rigidez emprestada às constituições como pelo estabelecimento de mecanismos de proteção de sua integridade, como o controle de constitucionalidade.[31]

Para os juristas, o elemento central no controle da vontade das maiorias é o grau de dificuldade para alterar a constituição, ou o grau de rigidez constitucional. Como vimos anteriormente, a constituição ocupa a função de lei superior porque tem origem no poder constituinte. Da perspectiva prática, essa superioridade é assegurada pela adoção de um conjunto de procedimentos que torna mais difícil alterar as suas normas do que as demais regras do ordenamento jurídico. Assim, a rigidez constitucional separa a política, como sustenta Bruce Ackerman, em dois níveis. No primeiro, encontramos a política constitucional, que não está à disposição do governo, e no segundo, a política cotidiana, que pode ser levada a cabo por maiorias parlamentares ordinárias.[32]

Num extremo da rigidez, já tivemos constituições que se pretendiam imutáveis, como as Constituições da Carolina, elaboradas por John Locke e adotadas em 1669, e no outro, constituições bastante flexíveis, que não exigem procedimentos extraordinários para serem alteradas. Entre esses dois extremos há uma enorme variedade de possibilidades. A Constituição norte-americana é exemplo de uma constituição muito rígida, dado que seu artigo v exige não apenas a aprovação por dois terços das duas Casas do Congresso para que uma emenda seja aprovada, mas também de três quartos das assembleias legislativas estaduais. A brasileira talvez seja um exemplo de uma constituição pouco rígida, pois exige apenas a aprovação de três quintos dos parlamentares, em duas votações. Basta, portanto, que o governo tenha uma maioria de 60% dos parlamentares para que possa alterar os termos da Constituição. Há, porém, um conjunto de cláusulas de nossa Constituição que, muito embora aceitem ser alteradas por esse quórum razoavelmente flexível, não podem ter o seu conteúdo abolido. É o que se convencionou chamar de cláusula pétrea. Isso faz com que nossa Constituição tenha dois andares, no que se refere a sua rigidez. Pouco rígida em geral, mas bastante rígida e em certos casos intangível no seu cerne. Essa ideia de entrincheirar determinados dispositivos constitucionais, embora antiga, ganhou nova dimensão após a constatação de que Hitler foi erodindo a Constituição de Weimar, de 1919, utilizando os seus próprios procedimentos de emenda, que não punham limites a que se alterassem mesmo suas cláusulas fundamentais.

De uma perspectiva sociológica, a questão da rigidez está associada sobretudo à confiança entre os diversos atores políticos e segmentos sociais. Em sociedades em que há um alto grau de confiança, assim como um forte consenso sobre de que modo se deve dar a disputa política e em relação aos valores que estruturam as relações sociais, são desnecessárias regras constitucionais rígidas e detalhadas. Em sociedades mais fragmentadas, com baixo grau de confiança entre os diversos segmentos, em que minorias temem ver seus interesses e valores afrontados, a rigidez constitucional serve como uma espécie de seguro contra a maioria. Politicamente, no entanto, a rigidez é consequência de uma decisão estratégica que se dá durante o processo constituinte. Os atores que detêm maior poder durante a barganha constitucional usam a rigidez para entrincheirar seus interesses em detrimento dos de seus adversários. Em processos compromissários, como o brasileiro, a rigidez é utilizada para proteger aquilo que a maioria entende como indispensável para participar do jogo político.

Maior flexibilidade constitucional não significa necessariamente uma constituição mais democrática. A flexibilização constitucional também pode ser um instrumento útil para governos autoritários que querem controle sobre o texto constitucional. A história brasileira oferece exemplos. Tanto a Carta de 1937, outorgada por Getúlio Vargas, como a Carta de 1969, imposta pela ditadura militar, flexibilizaram o quórum de emenda para maioria absoluta de forma que pudessem ter total controle sobre o contorno que se gostaria de dar à Constituição.

Não se pode dissociar o impacto da rigidez constitucional sobre a regra da maioria, em especial a existência de uma carta de direitos que possa ser contraposta à vontade da maioria. Quanto mais ampla e rígida for uma constituição, e mais ambiciosa sua carta de direitos, menor será o espaço para que maiorias eventuais possam tomar decisões como bem entenderem. Uma constituição muito ampla, como a brasileira, impõe que para qualquer mudança mais substantiva que se busque realizar seja necessário um maior grau de consenso entre as forças políticas, pois certamente será preciso alterar algo no seu texto.

O fato é que não há uma regra ótima para o padrão de rigidez de uma constituição. Sociedades mais democráticas, em que o respeito a direitos esteja socialmente incorporado à prática institucional, podem se dar ao luxo de ter constituições mais flexíveis. Já sociedades mais divididas, com baixo grau de confiança entre os grupos que disputam a luta política, podem se beneficiar de constituições mais rígidas, pois isso reduz a instabilidade e o risco de que o governante de plantão alinhe com facilidade a constituição aos seus interesses.

Um segundo elemento que determina se uma democracia constitucional é mais ou menos consensual é a existência de um sistema de controle de constitucionalidade dissociado dos órgãos de representação política. Esse elemento é extremamente importante, pois irá conferir à rigidez constitucional maior ou menor credibilidade. Se, apesar de uma constituição ser rígida, os órgãos representativos emanarem atos e aprovarem legislação contrários ao seu texto sem que isso tenha nenhuma consequência, a rigidez será apenas simbólica. Sistemas constitucionais que disponham de fortes mecanismos de controle de constitucionalidade emprestam um caráter ainda mais consensual aos seus regimes, pois para que uma medida aprovada pela maioria não seja invalidada é necessário que obtenha o consentimento do órgão de controle.

Dois são os modelos de controle de constitucionalidade prevalentes entre as democracias constitucionais contemporâneas. O chamado controle difuso, que teve origem nos Estados Unidos no início do século XIX, adotado no Brasil pela Constituição de 1891, confere aos juízes em geral a competência para, antes de aplicar uma lei, aferir se está em conformidade com a constituição, contando com a prerrogativa de se negar a aplicá-la caso entendam que viola um preceito constitucional.[33] Esse sistema amplia para todo o Judiciário a função de guarda da constituição e confere a esse poder uma função contramajoritária. Para que a vontade da maioria não fique extremamente vulnerável, esse modelo precisa contar com um sistema rigoroso de precedentes, pelo qual os juízes das instâncias inferiores se vejam condicionados pelos tribunais superiores, e estes pelas suas próprias decisões pretéritas. Essa com certeza é uma das grandes fragilidades do sistema brasileiro, que gera uma constante insegurança de natureza jurídica e política.

Um segundo modelo, arquitetado pelo jurista austríaco Hans Kelsen, foi colocado em prática inicialmente pela Constituição austríaca de 1920, tendo se espalhado pela Europa depois da Segunda Guerra Mundial e pelo restante do mundo com as últimas ondas de democratização. Por esse sistema, chamado controle concentrado, as constituições atribuem apenas a um órgão, normalmente denominado tribunal ou corte constitucional, a responsabilidade de aferir a compatibilidade de leis ou atos de governo àquilo que está estabelecido pela constituição. Aos juízes em geral não se confere o poder de vetar a aplicação de uma lei devidamente aprovada pelo parlamento, como no sistema difuso. Se houver uma dúvida sobre a constitucionalidade de um determinado dispositivo, a questão deve ser resolvida pela corte constitucional, e essa solução deverá ser acatada por todos. Nesse caso, a função contramajoritária está concentrada na corte constitucional.[34]

Nas últimas décadas, os dois modelos vêm se aproximando, criando sistemas mistos. Muitos países que originalmente adotaram o sistema difuso passaram a criar mecanismos de concentração do controle nas mãos de um tribunal de cúpula. No nosso caso, esse processo se deu a partir da criação de ações de constitucionalidade que podem ser diretamente levadas ao Supremo Tribunal Federal, além da atribuição de maiores poderes ao Supremo para que possa assegurar a autoridade de suas decisões aos demais magistrados. O exemplo brasileiro tem inúmeras peculiaridades e problemas que serão abordados no capítulo 4. Muitos países europeus, por sua vez, vêm fazendo o caminho inverso, conferindo mais autoridade para que juízes e tribunais inferiores também possam em alguma medida estabelecer reservas a normas e atos que entendam como contrários à constituição.

Controle de constitucionalidade e rigidez constitucional estão intimamente ligados, e ambos dão suporte à ideia da constituição como lei suprema, consequentemente restringindo a liberdade dos atores políticos para tomar decisões pela simples regra da maioria, pois para que as medidas sejam válidas também precisam estar em conformidade com a constituição e não serem vetadas pelo sistema de controle de constitucionalidade.

Organização dos poderes e dos partidos

As constituições também podem ser classificadas quanto ao regime de governo que estabelecem. Cada um desses regimes deve impor, em tese, um maior ou menor grau de consensualismo. Regimes parlamentares são aqueles em que o governo é formado como uma consequência da distribuição de cadeiras no parlamento. Assim, quando há eleições parlamentares na Inglaterra, na Espanha ou no Canadá, os eleitores sabem que indiretamente estão escolhendo também quem exercerá o governo. Nesse sentido, pode-se afirmar que são sistemas em que há uma fusão de poderes, pois havendo uma maioria parlamentar sólida ocorrerá um alinhamento entre o Executivo e o Legislativo, na medida em que a chefia de governo será ocupada pelo líder do partido ou pela coalizão majoritária no parlamento.

Já nos regimes presidencialistas, a eleição do parlamento e a do chefe do Poder Executivo são independentes. Por esse mecanismo, os poderes seriam independentes, e, para que pudessem desempenhar suas funções, deveriam se engajar na obtenção de algum tipo de consenso. Regras como o veto presidencial ou a necessidade de aprovação do orçamento pelo parlamento indicam que nem o Legislativo conseguirá aprovar as leis sem o consentimento do Executivo, nem este conseguirá governar sem a colaboração do legislador.

Portanto, os regimes parlamentaristas, em que há uma fusão entre os poderes Legislativo e Executivo, seriam mais majoritários que consensuais. Quem vencer a eleição parlamentar chefiará não apenas o Legislativo como também o governo. Esses regimes têm também a vantagem de permitir que, em caso de crise, novas eleições sejam convocadas. Ao povo é transferida a responsabilidade, pelo voto da maioria, de definir quem deverá governar dali em diante.

Utilizei a expressão "em tese" porque, a partir do momento em que os partidos políticos passaram a ocupar um papel central nas democracias representativas, a propensão de um regime ser mais ou menos consensual também estará ligada à quantidade de partidos existentes.[35] Regimes com muitos partidos exigiriam maior esforço para a obtenção dos consensos necessários para levar a cabo tanto a missão legislativa como as tarefas do Poder Executivo. Embora nos regimes parlamentares o peso da eleição continue sendo essencial na definição de quem ocupará o governo, quando são muitos os partidos concorrendo nem sempre é fácil a formação de uma maioria sólida. Nesses casos, o regime, mesmo que seja parlamentarista, pode demandar maior esforço entre as forças políticas para alcançar o consenso. Mas, ainda assim, formada uma maioria, Legislativo e Executivo seguem num regime de fusão de poderes.

O sistema partidário também é definitivo para que possamos compreender o funcionamento dos regimes presidenciais. Quando temos um sistema bipartidário estável e longevo, como nos Estados Unidos, a ideia original de Madison de colocar a ambição dos titulares de um poder para controlar a ambição dos titulares do outro pode ser diluída se houver coincidência entre o partido que elege o presidente e aquele que tem a maioria em ambas as Casas do Congresso. Nesse caso, o consenso necessário se dará apenas dentro do partido. Porém, quando o presidente tem que lidar com uma das Casas do Congresso, ou ambas, dominada por parlamentares de partido adversário, então teremos um regime com poderes autenticamente separados. Nesse caso, o grau de consensualismo será maior. Apenas serão aprovadas medidas que obtenham o consenso dos dois blocos políticos, que controlam distintos poderes do Estado.

Por sua vez, quando temos um regime presidencialista associado a um sistema partidário pluralista, como no caso brasileiro, o presidente terá que operar o tempo todo para manter uma coalizão de partidos que lhe dê sustentação. Caso não consiga obter o apoio de diversos partidos, dificilmente terá condições de levar seu governo à frente. O mesmo acontece quando, num regime presidencialista bipartidário, o presidente não tem a maioria no parlamento. Nos Estados Unidos isso ocorre com certa frequência. Um dos eventos que dá concretude a essa polarização é a não aprovação do orçamento, levando ao "fechamento do governo". Esse tipo de veto do Poder Legislativo ao Executivo desencadeia negociações em outros campos para que o governo possa ser destravado. Tudo isso impõe a necessidade de escolha de medidas mais consensuais ou expansão dos poderes do presidente, que passa a se utilizar de decretos, ordens executivas, medidas provisórias, para dar conta das demandas diárias do governo. Quando essas estratégias não funcionam, o governo entra em paralisia. Na América Latina a paralisia tradicionalmente provocava alguma forma de ruptura constitucional. Na última década tem crescido a utilização do impeachment como mecanismo de superação do impasse, ou de derrubada do governo que perdeu sustentação parlamentar, como demonstra Aníbal Pérez-Liñán.[36] Isso poderia sugerir que os regimes presidencialistas de coalizão passaram a funcionar em um modo semelhante aos dos regimes parlamentaristas com muitos partidos. Se não consegue o consenso, o governo tende a se fragilizar.

Em síntese, a relação entre regime de governo e sistema partidário talvez seja um dos elementos mais importantes para definir se uma democracia constitucional é mais ou menos consensual. Se o número de partidos é tão importante para o estabelecimento da natureza do regime, é essencial compreender a sua dinâmica.

A pedra fundamental de qualquer regime representativo é o modo como os votos populares são agregados e transformados em mandatos políticos. Há duas fórmulas básicas e inúmeras derivações.

O primeiro, e mais simples, é o sistema de voto distrital, em que o território é dividido em diversos distritos e cada um deles elege apenas um representante. Assim, se tivermos uma assembleia de cem parlamentares, o país deverá ser dividido em cem distritos. Promovem-se as eleições, e os candidatos que obtiverem a maioria dos votos em cada distrito serão eleitos. Esse sistema tem sido empregado há muito tempo na Inglaterra e nos Estados Unidos. Sua grande vantagem é a simplicidade. No caso inglês, em que não existem maiores entraves constitucionais para o exercício do poder, o resultado da eleição nos distritos indicará qual partido foi capaz de obter a maioria parlamentar, logo, o resultado da eleição determina quem irá governar.

Embora muito simples e eficiente, esse sistema tem os seus problemas. O primeiro deles está associado à divisão do território em distritos. Nem sempre os distritos têm números proporcionais de eleitores, o que favorece a desigualdade na representação. O desenho dos distritos também pode esconder outros problemas. Se existe um grupo minoritário que representa 30% da população, por exemplo, e esse grupo estiver distribuído de forma esparsa pelos distritos, a tendência é que não consiga se ver representado na assembleia. Como no sistema distrital prevalece o voto da maioria, essas minorias, embora tenham o número necessário de eleitores para formar 30% do parlamento, podem não conseguir eleger nenhum representante nos distritos. A distorção intencional dos distritos, para restringir o acesso das minorias, especialmente dos negros, ao poder nos Estados Unidos tem o nome de *gerrymandering*, em tributo ao seu idealizador Elbridge Gerry.

Uma segunda consequência da adoção do voto distrital é a tendência à sobrevivência de um baixo número de partidos políticos. Como nos distritos só há um vencedor, a tendência é que os candidatos busquem lançar propostas e programas que atraiam o eleitor médio. Propostas muito radicais tendem a receber menos votos. Com o tempo, isso contribui para a consolidação dos partidos que se colocam em torno do centro, eliminando os mais identitários, radicais ou com agendas muito específicas. Porém, trata-se apenas de uma tendência, que deve estar associada a diversos fatores históricos. O número de partidos, embora esteja intimamente relacionado com a escolha do sistema eleitoral, também está condicionado a outros fatores de natureza histórica e mesmo econômica.

O sistema proporcional, hoje empregado no Brasil e em grande parte da América Latina e da Europa continental, é um pouco mais complicado. Nesse sistema não há distritos com apenas um vencedor, mas uma circunscrição eleitoral com muitos eleitos. No caso brasileiro, cada estado é uma circunscrição eleitoral para efeito da eleição dos deputados federais. São os partidos políticos que competem por votos, apresentando listas de candidatos. Essas listas podem ser abertas, como no Brasil, dando aos eleitores o direito de escolher para que candidato dentro daquele partido irá seu voto, ou fechadas, como na Argentina, onde os nomes são preordenados pelo partido. Terminada a eleição, a votação dos partidos é contabilizada, e cada um receberá cadeiras parlamentares proporcionais aos votos obtidos na circunscrição. Com isso se permite que minorias consigam se fazer representar melhor — basta que concentrem os seus votos nos partidos com que se identifiquem. O parlamento formado a partir do voto proporcional tende a ser mais plural, pois o próprio sistema eleitoral cria incentivos para a formação de partidos que busquem obter os votos das diversas minorias. Assim como o sistema distrital, o proporcional tem os seus problemas, e o mais comum é a fragmentação do sistema partidário, como no caso brasileiro. Em função da grande dimensão das circunscrições eleitorais e da ausência de alguma regra que limite a criação de partidos muito pequenos, além de incentivos como o fundo partidário e o tempo de rádio e televisão durante as campanhas, o resultado é um grande número de partidos, o que dificulta e torna mais onerosa a formação de coalizões.

Direitos fundamentais

Um terceiro elemento com implicações diretas na maior ou menor consensualidade do sistema constitucional é a forma, a quantidade e a natureza dos direitos fundamentais incorporados pela constituição.[37] A noção de direitos fundamentais é estruturante do conceito de democracia constitucional. Desde a origem do constitucionalismo moderno, os direitos são colocados ora como a justificativa para criar um governo limitado, como parecia propor a Declaração de Independência norte-americana de 1776, ora como elemento indissociável, como sugere o artigo 17 da Declaração Francesa dos Direitos do Homem e do Cidadão.

A função original dos direitos na ordem liberal é estabelecer limites ao poder constituído e assim assegurar a liberdade, compreendida como ausência de obstáculos. A partir da tradição do jusnaturalismo, esses direitos antecedem a existência do poder político, portanto, não são colocados à sua disposição. É evidente que numa sociedade organizada esses direitos precisam ser regulados e harmonizados. Porém, essa regulação deve estar voltada a assegurar na maior medida possível direitos como a propriedade e as liberdades, que vão da liberdade de pensamento, religião, expressão e locomoção até a liberdade contratual. Ainda compõem o rol de direitos liberais aqueles que buscam impedir que as pessoas sejam punidas sem o devido processo legal. São os chamados direitos negativos, pois sua função essencial é impedir que o Estado interfira indevidamente na esfera privada. Quando for indispensável fazê-lo, para que os direitos possam conviver entre si, essa operação de regulação somente pode ser feita por intermédio da lei. O maior exemplo desse tipo de legislação voltada a assegurar a convivência dos direitos negativos talvez seja o Código Civil de Napoleão, elaborado para dar concretude e ampla proteção à propriedade e aos atos derivados da liberdade de contratar. Quando as constituições reconhecem apenas esses direitos, devem ser consideradas liberais, pois estabelecem fortes limites à vontade majoritária.

Os direitos de participação democrática parecem desempenhar um papel muito distinto dos direitos liberais. Em vez de criar uma esfera de não intervenção, asseguraram ao cidadão o poder de interferir na formação da vontade do Estado, consequentemente criando um potencial de tensão com os direitos sociais. O seu papel é ampliar a autonomia no sentido que lhe emprestava Rousseau, segundo o qual cada cidadão só estaria obrigado a se curvar às leis em cuja elaboração tivesse participação. Historicamente, a conquista desses direitos foi lenta e fruto de muito conflito. No início do ciclo constitucional, eram concedidos apenas para aqueles que fossem considerados independentes — ou seja, que detivessem propriedade, pagassem impostos e não estivessem submetidos a uma relação de emprego para sobreviver. A justificativa era que somente isso lhes permitiria agir com liberdade na esfera política. Na prática, o voto censitário, baseado na coleta de impostos, tinha a função de excluir a grande maioria das pessoas da cidadania política. Trabalhadores, mulheres, minorias raciais, étnicas e religiosas e analfabetos foram sendo incluídos no pacto político na medida em que foram capazes de exercer pressão política. Os direitos relacionados à democracia não se limitam, no entanto, ao voto. Sem que haja plena liberdade de expressão, associação, manifestação, criação de partidos, exercício de oposição, o direito ao voto pode se tornar inócuo.

A questão fundamental nessa relação entre direitos liberais e direitos de participação democráticos é: que margem de manobra a constituição deve proporcionar para que decisões tomadas no exercício da política imponham limitações aos direitos liberais? Para as correntes majoritárias do constitucionalismo, os direitos políticos devem ter prevalência, para que a cada ciclo eleitoral os cidadãos possam, quando entenderem necessário, redimensionar a proteção aos direitos liberais. Assim sendo, os direitos à propriedade ou à livre contratação não deveriam servir de obstáculos a novas regulamentações ambientais, trabalhistas ou referentes às relações de consumo, quando assim quisesse a maioria. De acordo com John Hart Ely, em seu clássico *Democracy and Distrust*, a constituição e o Poder Judiciário deveriam proteger da vontade da maioria apenas aqueles direitos que se demonstrassem essenciais ao funcionamento da própria democracia, como liberdade de expressão, direito à igual participação etc. Ely também aceita que a proteção de direitos de minorias "insulares e discriminadas", mesmo em contradição com as decisões da maioria, são compatíveis com o primado da democracia.[38]

O conflito de classes apresentado por Marx e Engels como uma dinâmica inerente ao capitalismo, além da percepção de que os direitos liberais não podem estar acima do estabelecimento de condições satisfatórias de bem-estar, impôs aos reformadores a abertura de uma via de acesso aos trabalhadores para possibilitar sua adesão ao projeto da democracia constitucional. Associado ao acesso ao voto, começa a surgir um conjunto de direitos relacionados ao mundo do trabalho, como limite de horas, salário mínimo, regulação do trabalho infantil e da mulher, além de liberdade sindical e direito de greve. Os chamados direitos sociais têm um impacto direto na restrição dos direitos de propriedade e livre contratação. Algumas constituições, como a de Weimar de 1919 e a brasileira de 1934, introduzem em seu próprio texto essa contraposição, flexibilizando o direito de propriedade, que deixa de ser sagrado, como pretendia a Declaração Francesa, e passa a ter que cumprir a sua função social, o que significa, entre outras coisas, ceder espaço para a nova legislação de mediação das relações entre diferentes classes e segmentos da sociedade.[39]

Os direitos sociais englobam também uma segunda categoria, de natureza positiva — ou seja, que impõe obrigações ao Estado. Se num regime constitucional em que haja prevalência de direitos negativos o Estado será mínimo, num regime constitucional no qual sejam reconhecidos os direitos à educação, saúde, previdência e assistência social, o Estado terá que ser extremamente ativo para dar conta das tarefas que lhe foram determinadas pela constituição. Nem todas as democracias constitucionais incorporaram esses direitos ou lhes conferiram igual peso. No caso norte-americano, a criação do estado de bem-estar não impôs nenhuma mudança constitucional, a não ser uma mudança de interpretação da Suprema Corte quanto ao grau de proteção do direito à propriedade, possibilitando ao presidente Roosevelt, com o New Deal, aprovar uma legislação e criar uma série de agências e programas federais destinados a permitir que o Estado pudesse intervir na economia e elaborar políticas sociais.

A tendência de flexibilização do direito à propriedade e a adoção de alguns direitos sociais básicos foram sendo paulatinamente incorporadas ao repertório das democracias constitucionais contemporâneas. Muitos países marcados por profundas desigualdades e injustiças sociais passaram a reconhecer amplos leques de direitos sociais em suas constituições — portanto, não se trata de uma peculiaridade da Constituição brasileira de 1988. Como salienta Amartya Sen, a existência de direitos civis e políticos pode ser absolutamente insuficiente quando as pessoas estão morrendo de fome. Nesse sentido, é correta a afirmação de que existe uma interdependência entre as condições materiais de existência e o pleno exercício dos direitos. A ampliação do espectro de direitos a ser protegidos tem por consequência uma direta ampliação de obrigações por parte do Estado. Caso o Estado não disponha dos recursos necessários para prover esses direitos, evidentemente teremos um problema de ineficácia da constituição.

A adoção de longas cartas de direitos, sejam liberais, democráticos ou sociais, certamente restringe a liberdade de decisão da maioria, conferindo às constituições um caráter mais consensual. Quanto maior for a ambição de um texto constitucional retratada na ampliação do catálogo de direitos, menores serão os espaços para a prevalência da vontade da maioria e maiores as necessidades de buscar o consenso político para a promoção de reformas.

COMO FUNCIONAM AS CONSTITUIÇÕES?

A teoria política, de Locke a John Rawls, oferece parâmetros abundantes para pensar o que seria uma boa constituição e mesmo uma constituição justa (que seria aquela a que pessoas racionais estariam dispostas a se submeter), mas pouco explorou os mecanismos que podem favorecer a efetividade de sistemas constitucionais. Mesmo os juristas que se lançaram no trabalho mais concreto de traduzir ideias, princípios e aspirações em normas específicas, que estruturam constituições em particular e que em seu dia a dia lidam com a interpretação e a implementação do texto constitucional, têm dificuldades em proporcionar uma explicação convincente sobre quais mecanismos determinam o seu bom funcionamento. Afinal, que forças são capazes de transformar as ambições normativas de uma constituição em realidade? Como fazer com que aquilo que foi escrito numa folha de papel, acordado numa assembleia constituinte muitas vezes há centenas ou dezenas de anos, se transforme em regras e princípios capazes de condicionar a conduta não apenas de pessoas comuns, mas também de governos, corporações poderosas como forças militares e partidos políticos, legisladores, juízes ou empresas? Como o formal se transforma em algo real?

Compreender o que gera o bom desempenho das constituições não é fácil. Muitas são as variáveis, tanto internas como externas ao texto, que interferem no desempenho das constituições. No estágio atual de desenvolvimento das ciências sociais, determinar as relações da causalidade que expliquem de uma maneira mais ampla o desempenho das constituições ainda é uma tarefa longínqua. Isso não significa que correlações importantes não possam ser estabelecidas, ou mesmo explicações mais setoriais não possam ser apresentadas.

A questão do desempenho das constituições se torna mais complexa quando nos deparamos com documentos que são fruto de processos de disputa entre movimentos de inspiração democrática, que buscam transformar realidades autoritárias e injustas, e outros que atuam para manter esferas de arbítrios e hierarquias sociais. Logo, as constituições compromissárias, que expressam regras emancipatórias mas ao mesmo tempo também incorporam dispositivos regressivos, têm uma vida mais difícil. Esses documentos, na prática, encontram enorme dificuldade de realizar o que prometem, ou ao menos parte do que é proposto. O caso brasileiro talvez seja um exemplo dessa categoria de constituições compromissárias e eficazes de forma apenas parcial. Algumas de suas esferas são plenamente eficazes, enquanto outras têm pouca influência sobre o destino das coisas. Essa eficácia parcial não se refere apenas a determinados setores da Constituição, como por exemplo a carta de direitos, mas também ao modo como diferentes grupos extraem maior ou menor eficácia da Constituição em função do poder político ou econômico que detêm. Um determinado direito pode ser eficaz para setores mais afluentes, que podem acessá-lo e alavancá-lo a seu favor, porém completamente inútil para grupos mais vulneráveis.

Esse problema de funcionamento apenas parcial da constituição não se aplica, no entanto, somente às constituições compromissárias, em geral muito ambiciosas. As constituições liberais de democracias estáveis em termos tanto políticos como econômicos também sofrem de problemas de ineficácia, ainda que em menor medida. Como as constituições modernas invariavelmente estabelecem aspirações muito exigentes — incorporando direitos como igualdade, dignidade, liberdade, e ainda adotando princípios como estado de direito, transparência e democracia —, sempre haverá esferas de ineficácia: grupos vulneráveis que não têm direitos assegurados em sua integridade, âmbitos de poder que não se submetem a rigorosos parâmetros de transparência e submissão à lei, ou ainda processos democráticos desvirtuados por abuso de poder econômico.

Pesquisas empíricas recentes no campo do direito constitucional comparado demonstram um cenário pouco claro no âmbito da eficácia constitucional. Num trabalho seminal, intitulado "Constituições falsas", David Law e Mila Versteeg analisam o desempenho de 167 constituições a partir de 2010.[40] Os autores levantaram informações normativas, dando atenção a alguns direitos específicos e informações fáticas de diversas fontes, como relatórios da ONU e de organizações não governamentais sobre esses mesmos direitos. Os textos constitucionais foram divididos entre os que prometem muito e os que prometem pouco, e a partir daí os dados normativos foram cruzados com os dados fáticos.

Como resultado, os autores dividiram as constituições nas seguintes categorias: constituições fortes são aquelas que prometem muito e entregam o que prometem; constituições modestas prometem pouco e também entregam o prometido; do outro lado do espectro encontram-se as constituições falsas, que prometem muito e entregam pouco; e, por fim, as constituições fracas, que nem prometem, nem entregam.

A primeira conclusão do artigo é que, quanto mais as constituições prometem, mais difícil se torna entregar os resultados. Mais do que isso, o estudo mostra uma relação entre maturidade democrática, padrão de riqueza e o bom desempenho das constituições. De outro lado, situações de conflito, pós-conflito e baixo padrão de desenvolvimento estão associadas a um pior desempenho constitucional. Como se percebe, não são conclusões que desafiem a compreensão convencional sobre o desempenho das constituições. Dificilmente relações de causalidade poderiam ser extraídas desse tipo de estudo quantitativo, e nem parecia ser esse o objetivo da pesquisa. O seu mérito, no entanto, é dar início a uma metodologia de aferição do desempenho das constituições, o que em si é algo importante.

A tarefa de entender as relações de causalidade que favoreçam o desempenho das constituições permanece um desafio relevante dos pontos de vista prático e teórico. Para juristas que se dedicam a levar o texto constitucional a sério e buscam refinar instrumentos de interpretação para reduzir a margem de discricionariedade dos que têm por responsabilidade aplicar a constituição, pode ser frustrante saber que uma boa parte das normas não será eficaz. Essa ineficácia não decorre da falta de elementos normativos ou dogmáticos para sua aplicação, mas de elementos de natureza política ou econômica que impactam negativamente o desempenho da constituição. Da mesma forma, isso provoca profunda angústia naqueles que se veem diante do desafio de elaborar, defender ou mesmo reformar uma constituição. Afinal, o desenho constitucional importa? Se a resposta for relativa, o famoso "depende", então a pergunta seguinte será: depende do quê?

O desempenho da constituição está associado a múltiplos fatores de ordem política, econômica, social, histórica, capacidade governamental para implementar os dispositivos constitucionais, receitas tributárias compatíveis com as obrigações criadas, autonomia das agências de aplicação da lei, entre outros fatores. Obviamente, no caso de constituições mais ambiciosas — como a indiana, a colombiana ou a brasileira, que não se limitam apenas a organizar o jogo político —, há mais dificuldade para transformar em realidade sua ambição normativa.

A discussão sobre a eficácia das constituições, como já vimos, não é nova. Autores tão distintos entre si como Burke, Hume e Lassalle, e, entre nós, Oliveira Viana, apontaram de maneira muito contundente as dificuldades das teorias idealistas da constituição em responder a essa questão.[41]

IDEALISMO CONSTITUCIONAL

Os contratualistas de fato não se detiveram na discussão sobre a eficácia constitucional. Sua empreitada estava — como ainda está — ligada ao estabelecimento de parâmetros normativos sobre a melhor forma de governo, no sentido de um governo justo, no qual todas as pessoas estejam dispostas a consentir em termos racionais. A exceção certamente é Hobbes, que estava muito mais preocupado com a questão da eficácia do que com o tema da justiça e do consentimento. No entanto, ele não pode ser considerado um autor de linhagem constitucionalista. Mesmo assim é interessante notar que Hobbes tinha clareza de que a lei sem a espada seria destituída de significado na medida em que o direito deriva sua autonomia da força do Estado: "Os pactos sem espada não passam de palavras".[42] Logo, a função primeira do pacto social, para o autor, era constituir a autoridade, à qual deveriam ser concedidos todos os meios para que pudesse estabelecer a ordem social. Nesse sentido, Hobbes se liga à tradição de pensar a constituição como estabelecimento da ordem, não como instrumento de garantia da liberdade. Trata-se de um modelo exclusivamente repressivo de eficácia do direito, fundado no medo do indivíduo e na capacidade do soberano de impor a sua autoridade.

O modelo constitucional proposto por Locke em seu *Segundo tratado sobre o governo civil*, de 1690, é uma reação a essa forma de organização e justificação do poder. Para Locke, nenhuma pessoa racional aceitaria deixar o estado de natureza, no qual goza de uma série de direitos, ainda que não pudessem ser devidamente preservados, para se submeter a um soberano absoluto, a quem transferiria, se não a totalidade, ao menos a maior parcela de seus direitos. De acordo com a descrição de estado de natureza de Locke, embora as pessoas fossem capazes de reconhecer os seus direitos, dada a sua falta de imparcialidade, nem sempre estariam dispostas a respeitar os direitos alheios, em especial quando o conflito se estabelecesse em torno de uma disputa pela propriedade. Daí a necessidade de criar um árbitro imparcial incumbido de solucionar pacificamente os conflitos, garantindo a eficácia do direito de propriedade, bem como das demais liberdades.[43] Há, portanto, uma preocupação com a eficácia dos direitos, e essa é a razão que leva os indivíduos a ceder uma pequena parcela de suas liberdades ao Estado, para que este possa assegurar os direitos que foram preservados pela lei, mas que padecem de proteção.

Como assegurar que o poder civil não abuse de seus poderes, violando os direitos que foi constituído para proteger? Para Locke, esse risco seria minimizado se o poder civil só fosse autorizado a se manifestar por intermédio da lei. Sendo a lei, por definição, fruto do consentimento da sociedade expresso pelo parlamento, o risco ficaria reduzido. Mais do que isso, o parlamento não poderia fazer uma lei contrária ao direito natural, pois esses direitos não foram cedidos no momento do pacto social. Trata-se, evidentemente, de um modelo abstrato, em que a eficácia da constituição seria obtida pelo estabelecimento do estado de direito, que, por sua vez, seria limitado pelos direitos naturais. Não há no pensamento de Locke uma exposição mais detalhada sobre como garantir que o parlamento não abuse de suas prerrogativas, afrontando a constituição. Nesse sentido, em seu modelo os direitos ficam vulneráveis. Como veremos, esse problema somente será enfrentado pela formulação da teoria da separação de poderes de Montesquieu e Madison.

Uma outra resposta, também idealista, à questão da eficácia do pacto social, e portanto da constituição dele derivada, pode ser encontrada no *Contrato social*, de Jean-Jacques Rousseau, publicado em 1762. Diferentemente de Hobbes e Locke, no pacto social de Rousseau não há transferência de direitos para um ente externo à própria cidadania. O pacto se dá entre os cidadãos, que se constituem como soberanos. Com isso, Rousseau pretende resolver o problema da necessidade prática de criar um governo e também do imperativo moral de que o cidadão não esteja submetido a uma entidade que lhe seja externa. Assim como Locke, Rousseau irá transferir para a lei a enorme responsabilidade de expressar a vontade geral, que não se confunde com a vontade da maioria. A vontade geral, também por definição, é uma representação do interesse público com a qual todos seriam obrigados moralmente a concordar. Nesse sentido, a eficácia da constituição seria uma decorrência necessária da natureza democrática do pacto. Se pela constituição decorrente do pacto somente seriam válidas leis que expressassem a vontade geral, e se ninguém pode ser contra a própria vontade, que também compõe a vontade geral, então o problema da ineficácia do direito desapareceria. Todos obedeceríamos à constituição e às leis por que somos seus autores e seria uma contradição desobedecermos às regras que são fruto da nossa própria vontade.[44]

Rousseau previne o seu leitor, no entanto, que os magistrados (governo) incumbidos de aplicar as leis estão sempre reunidos e partilham interesses próprios, distintos do interesse público. Enquanto isso, os cidadãos estão dispersos cuidando de seus afazeres. A consequência seria uma constante ação por parte dos magistrados para sobrepor os seus interesses privados aos interesses gerais dos cidadãos. Essa seria a causa fundamental da degeneração das constituições democráticas. Para combatê-la, os cidadãos deveriam permanecer sempre reunidos e em alerta.[45]

Em resumo, duas são as proposições de Rousseau sobre a eficácia constitucional: quanto mais democrática for a constituição, maior será a tendência de que todos que participaram da sua confecção a obedeçam; em segundo lugar, os detentores de interesses particulares, contrapostos aos interesses gerais, serão o principal obstáculo à eficácia da constituição democrática. A participação e vigilância dos cidadãos serão a única forma de lutar pela integridade da vontade geral.

Como podemos perceber, as respostas de Locke e Rousseau à questão da efetividade da constituição, embora bastante idealizadas, fornecem intuições sobre as condições em que o desempenho da constituição poderá ser robusto em maior ou menor medida. É evidente que Hobbes também oferece uma resposta para assegurar a total eficácia do pacto, só que nesse caso não se trata de um pacto constitucional e nem sequer democrático.

REALISMO CONSTITUCIONAL

Montesquieu talvez tenha sido o primeiro dos autores, na transição entre o mundo antigo e o moderno, a refletir mais diretamente sobre o problema do desempenho e eficácia da constituição, ao analisar o funcionamento das instituições do governo da Inglaterra em *O espírito das leis*, de 1748. Para o autor, a grande virtude das instituições inglesas estava na sua capacidade de conferir a cada segmento "relevante" da sociedade — monarquia, aristocracia e burguesia — uma esfera de poder dentro do arranjo constitucional estabelecido pela commonwealth. Assim, os poderes Executivo, Legislativo e Judiciário encontravam-se sob o controle dos diferentes setores da sociedade que, àquele momento, detinham efetivos recursos de poder. Como a ação estatal dependia da coordenação dos diversos poderes, isso significava necessariamente que os diversos segmentos da sociedade deveriam se colocar de acordo para que o Estado se movimentasse. A lapidar formulação de Montesquieu de que o poder só encontra limite em outro poder que se lhe contraponha não se refere em princípio ao confronto dos diferentes braços formais do Estado, mas das classes que estão investidas desses poderes.

Para um autor que propugnava a superioridade do governo moderado, voltado à manutenção das liberdades, esse sistema de coordenação entre classes, propiciado pela institucionalização de um sistema de separação de poderes, garantiria a eficácia da constituição. Montesquieu abre assim uma discussão de natureza causal sobre o desempenho da constituição, em que a sua eficácia estará associada à forma como estão dispostas institucionalmente as forças reais da sociedade. É da coordenação entre esses elementos, ao mesmo tempo sociais e institucionais, que o governo moderado dependerá para sobreviver.[46]

Edmund Burke, além de criticar a cega confiança dos iluministas na razão abstrata como uma fonte superior à experiência histórica na determinação de como deveriam ser dispostas as instituições, prediz que as constituições derivadas de meras abstrações serão necessariamente ineficazes. Em seu livro *Reflexões sobre a revolução em França*, de 1791, o autor alerta para a fragilidade da empreitada constitucional levada a cabo pelos franceses. Seria muito ingênuo imaginar que a simples proclamação de direitos ou a adoção de uma carta redefinindo o modo de se organizar e exercer o poder, incompatível com o modo como a sociedade de fato se organiza, em especial no que se refere às suas estruturas de hierarquia, teria a capacidade de alterar uma realidade estruturada ao longo dos séculos por costumes, tradições e antigas convenções arraigadas na cultura de um povo, conforme já alertado anteriormente.[47]

Ferdinand Lassalle, contemporâneo de Marx e por algum tempo seu partidário até migrar para as águas da social-democracia, também deixou claros os limites do idealismo de uma constituição quando não levasse em consideração os fatores reais de poder existentes dentro de uma sociedade. Em uma conferência intitulada "O conceito da constituição ou A essência da constituição", proferida na Associação Liberal-Progressista de Berlim em 1862, o autor paradoxalmente argumenta algo muito semelhante a Burke, ao menos no que se refere ao problema da ineficácia das constituições. Como Burke, Lassalle analisa a constituição não de uma perspectiva jurídica e formal, mas de uma perspectiva sociológica, o que lhe permite perceber que aquilo que os juristas convencionaram chamar de constituição no século XIX não passaria de uma "folha de papel" se não estivesse em conformidade com os "fatores reais de poder" que de fato estruturam uma sociedade. Em tom irônico, provoca os seus ouvintes a plantar uma macieira no quintal e colar no seu tronco um papel escrito "esta árvore é uma figueira".[48] Isso certamente não mudará a natureza da árvore, disse Lassalle, e o mesmo acontece com as constituições. Se não retratar a dinâmica real do poder, especialmente no que se refere ao domínio sobre os meios de coerção, a constituição será uma mera formalidade, destituída de qualquer relevância. Ao contrário de Burke, no entanto, Lassalle está interessado nas mudanças, apenas não concebe que se depositem expectativas transformadoras às constituições, como se fossem instrumentos mágicos que por si sós poderiam mudar a realidade.

Embate semelhante foi travado no Brasil no início do século XX a partir das contundentes críticas realizadas por Oliveira Viana ao idealismo do pensamento de Rui Barbosa, transportado para nossa primeira Constituição republicana, de 1891. Com sarcasmo e certo ressentimento, Oliveira Viana inicia sua crítica pelo que chama de marginalismo de Rui Barbosa — ou seja, a sua incapacidade de pensar o Brasil a partir das suas verdadeiras estruturas sociais, como havia feito Alberto Torres. Rui Barbosa, segundo Oliveira Viana, "era um puro inglês, nutrido do espírito de Oxford, de Cambridge ou de Eton. [...] Nos quadros do seu espírito, o que palpitava [...] não eram as imagens da sua Bahia eufórica e dionisíaca; eram as imagens da Inglaterra".[49]

A partir das ideias importadas dos liberais ingleses, assim como dos norte-americanos e dos franceses, ironiza Oliveira Viana, Rui passou a legislar para os brasileiros, na expectativa de que isso lhes alterasse o caráter, a forma de se comportar. Ao propor uma constituição republicana e federal, imaginou que pudesse transformar o poder das "vivazes aglomerações de clãs paternalistas", que imperavam nos rincões e sertões, em autênticos partidos políticos, a buscar o bem comum, através do *"self-government"*. Os direitos civis, pelos quais Rui Barbosa lutou a vida toda, obtendo inclusive heroicas vitórias, não foram suficientes para transformar o destino do "povo-massa [que] continuou a ser, depois dele, o que sempre foi antes dele".[50]

O realismo reacionário de Oliveira Viana, assim como o historicismo conservador de Burke, via com enorme ceticismo a expectativa de que instituições derivadas da razão abstrata, ou simplesmente transplantadas de outras realidades históricas, pudessem alcançar um mínimo de eficácia ao se depararem com uma realidade que lhes fosse estranha, senão avessa.

A COORDENAÇÃO CONSTITUCIONAL

O resultado dessas críticas é um forte ceticismo quanto à capacidade de constituições impactarem a realidade sobre a qual pretendem incidir. O realismo e o historicismo parecem não perceber que a função das constituições modernas não foi estabilizar a ordem política e social, mas sim estabelecer uma ordem pautada em determinados valores, como liberdade, igualdade ou democracia. Se fosse para manter ou apenas corrigir aspectos da ordem anterior, desnecessária seria a revolução ou a ruptura com o regime decaído, muito menos o estabelecimento de uma nova constituição. Constituições concebidas em momentos de ruptura têm necessariamente uma ambição de impor mudanças em relação ao passado, até para que possam contribuir para legitimar a nova ordem. Podem ser mais *modestas* e prometer pouco, para utilizar a linguagem de David Law e Mila Versteeg, mas ainda assim têm que aspirar a algo novo. Se são fruto do um novo consenso razoavelmente hegemônico e as condições materiais estão disponíveis, a sua tarefa será mais fácil. No entanto, constituições muito ambiciosas, ou adotadas num ambiente de fragmentação e forte dissenso entre os grupos que disputam o poder, ou ainda em situação de maior escassez econômica, terão mais dificuldade de realizar suas ambições normativas.

A questão é: como enfrentar essa contradição entre os obstáculos políticos e econômicos reais e as ambições de transformação de uma nova constituição? A resposta realista é que esse enfrentamento não deve ser tentado. Quando a constituição não estiver em conformidade com os interesses daqueles que detêm mais poder na sociedade, simplesmente não funcionará. Uma segunda resposta, ainda mais realista, é que, se há forças de fato dominantes numa sociedade, elas jamais aprovariam uma nova constituição que estivesse em desconformidade com seus interesses mais profundos — exceto quando for de interesse desse grupo a elaboração de uma constituição de fachada. Isso pode até ser verdade, mas, dado o fato de que nem sempre há uma clareza sobre a parcela de poder de que cada grupo dispõe, barganhas e concessões são parte intrínseca da maioria dos processos de elaboração constitucional. Ademais, como as constituições trazem em si uma carga legitimadora e há certos cânones sobre o que vem a ser uma boa constituição, não é impossível, aliás é muito comum, que os textos constitucionais contenham dispositivos que vão muito além daquilo que as elites dominantes estejam sinceramente dispostas a colocar em prática.

Quando não há plena hegemonia no processo de elaboração da constituição, a estratégia mais vantajosa para as elites é entrincheirar seus interesses e estabelecer mecanismos que facilitem o bloqueio de iniciativas que os ameacem. As necessárias concessões aos setores menos poderosos serão feitas na medida em que contribuam para a adesão desses setores ao pacto. Na maior parte das vezes, essas concessões se dão pelo estabelecimento de grandes princípios e objetivos retóricos e mesmo de generosas cartas de direitos, que depois terão a sua eficácia bloqueada pelos mecanismos mais eficazes de coordenação política.

Portanto, o problema de assegurar a eficácia das constituições democráticas sempre existirá. A questão é saber se há algo que os próprios textos constitucionais podem fazer para que as suas ambições, conquistadas num contexto de necessidade de legitimação, consigam alcançar maior eficácia.

O ponto de partida sem dúvida é James Madison, o primeiro grande arquiteto de uma constituição moderna, que se propunha a estabelecer um novo tipo de ordem, distinto daquele que se conhecia no passado. Seu objetivo era criar as bases para um regime liberal. Madison era um profundo conhecedor e estudioso da história e do pensamento político clássico. Entendia a premência de constituir o poder no sentido hobbesiano do termo. Era necessária a criação urgente de uma União entre as ex-colônias, para que pudessem se defender dos inimigos comuns. Também era preciso criar uma União para reduzir os riscos de conflitos entre as ex-colônias. Mais do que isso, ele percebia que a criação desse novo Estado poderia ser economicamente vantajosa para os setores agrícola, financeiro e mercantil. A criação de uma União também aduaneira reduziria custos tributários, originando um mercado interno mais amplo e robusto. A necessidade estava dada. O desafio era desenhar essa nova União sem que ela corresse o risco de degenerar em anarquia ou em tirania.

Madison era um leitor atento de Hume e sabia que a mera enunciação de direitos e liberdades não lhes garantiria a sobrevivência. Para assegurá-los, era necessário criar barreiras reais para que não fossem usurpados pelo Estado ou violados pelos membros da própria sociedade. Àquele momento parecia consensual que a separação de poderes era um mecanismo essencial para impedir o poder absoluto. A lição de Montesquieu de que as liberdades somente seriam salvaguardadas se o poder estivesse dividido havia sido incorporada ao repertório dos revolucionários americanos. O problema, porém, é que não mais estavam à disposição de Madison e seus contemporâneos os velhos estamentos da sociedade britânica. Portanto, a ideia de um governo misto, baseado na distribuição de funções entre as classes, precisava encontrar uma substituição. "A que meios devemos recorrer, para manter na prática a necessária separação de poder entre os diversos departamentos, tal como é estabelecido na Constituição? A única resposta [...] [é imaginar] a estrutura interna do governo de tal forma que as suas partes constituintes possam, através de suas relações mútuas, constituir os meios para manter-se umas às outras nos devidos lugares." Nesse sentido, deveriam ser conferidos a cada um dos poderes os

> meios constitucionais e os motivos pessoais necessários para resistir à usurpação dos outros. [...] Deve fazer-se com que a ambição se contraponha à ambição. O interesse do homem deve estar ligado aos direitos constitucionais do cargo. Pode resultar de uma reflexão sobre a natureza humana que tais dispositivos sejam necessários para controlar os abusos do governo. Mas o que é o governo senão o maior reflexo da natureza humana? Se os homens fossem anjos nenhuma espécie de governo seria necessária. Se fôssemos governados por anjos, desnecessários [seriam] os controles externos e internos sobre o governo. Ao construir um governo em que a administração será feita por homens sobre outros homens, a maior necessidade reside nisto: primeiro é necessário habilitar o governo a controlar os governados; e, em seguida, obrigar o governo a controlar-se a si próprio. A dependência do povo é, sem dúvida, o controle primário sobre o governo; mas a experiência ensinou à humanidade a necessidade de precauções adicionais.[51]

Essa passagem — que constitui uma das principais, senão o cerne, do constitucionalismo moderno — deixa claro o esforço de Madison para dispor as instituições como se fossem uma máquina, de forma que a partir da interação dos diversos elementos se alcance o adequado funcionamento da constituição. Em vez das leis da física, a energia para que as partes exerçam pressão umas sobre as outras decorreria da natureza humana. É a ambição que, devidamente canalizada, impedirá a usurpação da liberdade. Madison utiliza-se dos principais vícios da natureza humana para, por meio da disposição das instituições, promover aspirações como a liberdade e a república.

A arquitetura constitucional de Madison, sob clara inspiração de David Hume e Montesquieu, cria incentivos reais, por intermédio do desenho institucional, que favorecerão a efetivação do modelo racionalista de constituição imaginado por autores como Locke. Dessa maneira, transforma a constituição numa ferramenta que, se bem concebida, pode contribuir para a sua própria eficácia, favorecendo a coordenação política, mas sem com isso descuidar da proteção da liberdade.

Essa ideia da constituição como mecanismo que favorece a coordenação política, já presente nos pensamentos de Montesquieu e Madison, está no centro do realismo constitucional contemporâneo. Para Russell Hardin, seguindo a esteira de Madison, é muito difícil aceitar a ideia de que pessoas, organizações, partidos etc. se submetam à constituição por uma abstrata ideia de consentimento, considerando que grande parte delas não participou da elaboração ou aprovação do texto constitucional. A submissão à autoridade da constituição seria alcançada, segundo Hardin, pela aquiescência, que é um parâmetro mais singelo e concreto. Enquanto for do interesse das pessoas, organizações e classes participar do processo de coordenação de suas relações e conflitos por intermédio das regras e instituições estabelecidas pela constituição, estas tenderão a ser eficazes.

Como lembra Russell Hardin, o "estabelecimento de uma constituição é em si um ato massivo de coordenação que, se se estabilizar por um tempo, cria uma convenção que depende, para a sua sobrevivência, de incentivos e expectativas geradas por si mesmas".[52] O sucesso está associado à capacidade desse primeiro ato de coordenação de criar os incentivos corretos para que as próximas gerações continuem percebendo que é de seu interesse seguir as regras de coordenação constitucional para solucionar suas disputas e resolver suas diferenças.

Seria um erro supor que essa visão cética sobre a constituição é incompatível com a pretensão de um constitucionalismo mais democrático e mesmo um constitucionalismo mais ambicioso, que estabeleça na constituição diversos objetivos a serem alcançados pela comunidade. O que se depreende, no entanto, da teoria da coordenação é que o sucesso da constituição, e eu diria de cada um dos seus dispositivos, depende de que os múltiplos setores da sociedade e das instituições criadas continuem entendendo que vale a pena coordenar seus conflitos e buscar realizar suas ambições por intermédio das regras e dos procedimentos traçados pela constituição. À medida que os grupos coordenem suas disputas por intermédio dos procedimentos constitucionais, ela terá reafirmada sua posição de um bom instrumento de coordenação.

A tese de Hardin não se propõe a definir a constituição como um instrumento de coordenação, mas sim argumentar que o sucesso de uma constituição está diretamente associado à sua capacidade de funcionar como um instrumento eficiente que favoreça a coordenação. Diferentemente das teorias normativas, a preocupação não é com o conteúdo das constituições. O conteúdo pode ser considerado bom ou ruim, porém, da perspectiva da eficácia da constituição, a sua "qualidade" estará associada à sua capacidade de manter os atores políticos comprometidos a respaldá-lo. Quando esse interesse desaparece a constituição será violada, ou terá seus dispositivos alterados. No primeiro caso, ela será malsucedida. No segundo, demonstrará que é capaz de se adaptar. Como as relações de força e as circunstâncias estão em constante fluxo, as constituições bem-sucedidas precisam dispor de mecanismos de coordenação que favoreçam a adaptação da política, da economia, de regras de organização social e, em alguns casos, de suas próprias normas. No entanto, se os atores relevantes chegarem à conclusão de que a constituição não mais se apresenta com um instrumento seguro de coordenação, ela estará ameaçada.

Embora a tese da coordenação ajude a compreender melhor por que as constituições alcançam maior ou menor sucesso em termos da realização de suas ambições normativas em distintos contextos políticos, ela não oferece nenhum parâmetro substantivo sobre qual seria a melhor constituição no sentido normativo — ou seja, a mais justa e democrática. Não é esse o seu objetivo. É a aquiescência, e não o consentimento, que conta; a eficácia, e não a validade. Sendo a constituição um conceito de natureza normativa, no entanto, ele não será compatível com nenhuma forma de coordenação da política. Uma ordem só seria constitucional se pautada em alguma espécie de norma superior que habilitasse o governo democrático, limitasse o exercício arbitrário do poder e assegurasse uma esfera de direitos. Nesse sentido, poderíamos inverter a frase de Hardin e afirmar que, embora o sucesso da constituição dependa de sua capacidade de favorecer a coordenação política, nem toda ordem eficiente de coordenação política poderia ser considerada constitucional. Para que uma ordem possa ser considerada constitucional, precisa ser capaz de habilitar a democracia, limitar o exercício arbitrário do poder e proteger direitos.

A HABILITAÇÃO DA DEMOCRACIA

Em períodos de regressão de valores democráticos, ascensão do populismo e exacerbação de discursos intransigentes, há uma preocupação crescente com a capacidade da constituição de realizar a sua função de coordenação do jogo político, assim como de assegurar que direitos, separação de poderes e a própria democracia não sofram um forte processo de erosão, que leve a uma subversão da ordem constitucional. Em que medida constituições democráticas e pluralistas conseguirão sobreviver como mecanismos voltados a favorecer a coordenação política entre grupos que não mais aceitam as regras de coordenação constitucionais ou os limites que são impostos por essas regras? Certamente as constituições não se salvam sozinhas, como enfatizam Steven Levitsky e Daniel Ziblatt no livro *How Democracies Die* [Como as democracias morrem].[53] Se ninguém as defende, os seus mecanismos de autodefesa serão insuficientes para proteger a si próprias ou aos seus dispositivos. Há uma constante necessidade, para lembrar Rousseau, de mobilização da sociedade para pressionar o sistema de coordenação político no sentido de assegurar o que foi disposto no pacto constitucional.

Ainda no campo do novo realismo constitucional, Stephen Holmes irá argumentar que a eficácia da constituição está associada à eficiência do autocomprometimento como mecanismo de ampliação do poder. Segundo Holmes, a estratégia do soberano de limitar-se é extremamente eficaz para obter a confiança e a cooperação dos governados. Partindo da premissa de que "os governos são levados a tornar o seu próprio comportamento previsível em busca de cooperação. Os governos tendem a se comportar como se eles fossem 'limitados' pela lei, em vez de usar a imprevisibilidade da lei como uma vara para disciplinar as populações a eles submetidas, [...] porque possuem objetivos específicos que requerem um alto grau de cooperação voluntária".[54]

Nesse sentido, a submissão à constituição e as concessões formalizadas por intermédio de direitos e mecanismo de participação democrática seriam comportamentos estratégicos levados a cabo pelos governantes, a fim de obter cooperação por parte de grupos específicos de governados, dos quais o soberano depende para a manutenção e expansão de seu poder. Isso tem um custo menor do que o emprego da coerção, o que nem sempre é compreendido pelos governantes. Como a coerção tem um alto custo e a instabilidade social dela decorrente é uma constante ameaça, governantes perspicazes buscam adquirir o apoio dos diversos grupos que compõem a sociedade. Para obter esse apoio, o soberano oferecerá a inclusão desses grupos, em maior ou menor medida, no sistema de proteção proporcionado pela constituição. Em troca da cooperação, esses grupos se beneficiarão de tratamento mais previsível por parte do governante, poderão participar da formação da vontade coletiva e partilharão da riqueza construída pela sociedade. Essa inclusão em troca de cooperação será sempre assimétrica e diretamente associada ao poder de cada grupo. Quanto mais poder, mais proteção constitucional extrairão do soberano.

O projeto de emancipação lançado pelo Iluminismo, do qual o constitucionalismo democrático é a principal manifestação institucional, exige uma contínua inclusão dos grupos sociais no sistema político, na esfera de proteção dos direitos e no compartilhamento dos recursos e das riquezas construídos pela sociedade. Tocqueville percebeu essa tendência, já em meados do século XIX, ao falar sobre a inexorabilidade da expansão da luta por igualdade. A necessidade de obter a cooperação dos diversos segmentos da sociedade é antiga. Os pactos medievais, pelos quais o rei conferia privilégios e estabelecia garantias, tinham por finalidade obter a cooperação dos setores mais poderosos da sociedade, sem o qual não conseguiria arrecadar impostos e manter o Exército, indispensável à manutenção da ordem. A Carta Magna é um exemplo simbólico da concessão de privilégios para obtenção de cooperação.

T. H. Marshall, em seu clássico *Cidadania, classe social e status*, de 1949, proporciona uma clara descrição da evolução da cidadania nos países ocidentais através do processo de sucessiva inclusão das classes sociais no pacto constitucional como instrumento de integração. A incorporação de novas classes na cidadania não decorre, evidentemente, da generosidade daqueles que detêm poder, e sim da necessidade de consolidar autoridade e interesses. As guerras, a expansão econômica e a necessidade de assegurar a paz social impõem a busca pela cooperação de setores cada vez mais amplos da sociedade. A violência, o arbítrio e a ameaça podem ser mecanismos para obter submissão, mas dificilmente geram cooperação e integração. Assim, além de dispendiosos, são muito instáveis. A autocontenção é mais eficiente: "Se o poder limitado nunca produzisse mais poder, as constituições nunca teriam desempenhado o importante papel que tão obviamente desempenharam e continuam a desempenhar na vida política".[55]

À medida que as sociedades vão se democratizando, a cooperação depende de um grau mais alto de inclusão no pacto constitucional, o que significa não apenas ampliação de direitos, participação no processo eleitoral, comportamento previsível e em conformidade com a lei por parte dos governantes. A instituição de eleições periódicas e universais, assegurando a alternância no poder, permitiu às classes trabalhadoras aderir ao processo democrático burguês, abandonando a via revolucionária. Com o poder adquirido com a entrada no sistema político, as classes desfavorecidas passariam a poder reivindicar e extrair outros benefícios, como direitos sociais que seriam inimagináveis num regime liberal que não se visse constrangido pelo voto popular.

No entanto, mesmo em um regime mais democrático, o governo não necessita da cooperação de todos, ao menos não na mesma medida, o que faz com que não haja incentivo para tratar todos de forma absolutamente igual. Os diferentes grupos possuem recursos sociais, econômicos e políticos desproporcionais em qualquer sociedade. Logo, a trajetória e a forma como são incorporados ao pacto constitucional serão necessariamente assimétricas. Mais do que isso, a incorporação formal não significa o cumprimento simétrico das obrigações, dado o maior peso dos mais poderosos sobre as agências responsáveis pela aplicação da constituição.

Aqui está o paradoxo enfrentado por muitos regimes democráticos com altos níveis de desigualdade social. Embora a constituição seja generosa, como uma medida simbólica para obter cooperação, os governos e mesmo os grupos mais poderosos não se sentem muitas vezes compelidos a cumprir com suas obrigações constitucionais. Considerando que os custos para exigir o cumprimento das obrigações constitucionais são desproporcionalmente maiores para alguns membros da sociedade do que para outros, o pacto constitucional será sempre parcial, favorecendo na prática aqueles que possuem poder e recursos para conseguir vantagens com isso. O problema, assim, não seria saber se uma determinada constituição é ou não eficaz, mas sim entender para quem ela é eficaz.

Ao argumentar que as constituições "refletem e perpetuam assimetrias de poder na sociedade", Holmes não está buscando diluir as barreiras que separam "sistemas políticos autocráticos e democráticos",[56] mas sim chamando a atenção para o fato de que, como qualquer ferramenta de poder, as constituições são elaboradas e implementadas pelos setores mais poderosos da sociedade, que evidentemente as empregam a seu favor. O autor reconhece, porém, que em momentos específicos da história as constituições podem "sacudir sua associação com o status quo", servindo a causas mais progressistas que a elite dominante estaria disposta a aceitar.

Constituições oriundas de processos emancipatórios, obrigadas a fazer concessões à ambição transformadora de grupos mais vulneráveis como meio de autolegitimação, oferecem mecanismos que permitem avançar na efetivação dessas ambições, ainda que sob constante tentativa de bloqueio por parte daqueles que foram obrigados a fazer tais concessões. Se as constituições pretendem ter algum papel legitimador, mesmo as mais modestas, necessitam incorporar princípios básicos de justiça e democracia, sem o que se apresentarão como meros instrumentos de dominação. Como esses princípios não são neutros, sempre abrem espaço para a ampliação do processo emancipatório, desde que apropriados pelos setores vulneráveis.[57]

Por definição as constituições se estabelecem como uma lei superior, criando barreiras para sua alteração, e com isso impõem um ônus àqueles que desejem modificá-las. O fato, porém, é que mesmo as normas constitucionais mais robustas necessitam de pressão política para prevalecer e determinar as condutas daqueles que estão no poder. Não podemos nunca nos esquecer que as constituições não dispõem de uma autoridade superior que garanta a sua eficácia. O Poder Judiciário, embora possa em diversas circunstâncias desempenhar o papel de autoridade externa, também é parte da construção constitucional, como o governo e o parlamento. Sua estrutura de incentivos pode, em alguns momentos, contribuir para assegurar direitos, mesmo contra os interesses poderosos. À Justiça, no entanto, não pode ser atribuída a função fundamental de garantir, sozinha, o bom desempenho ou a eficácia da constituição. A eficácia de grande parte das disposições de uma constituição depende da pressão da sociedade, da ação política e de atos de governo. É necessário aprovar leis, cobrar tributos, construir escolas. Ao mesmo tempo há que se cuidar para que a ação do governo não se dê de forma arbitrária e abusiva, em detrimento dos mais vulneráveis. Daí a "instrução" de Holmes, que em muito se assemelha à de Rousseau, de que a eficácia da constituição democrática depende sobretudo da organização política dos governados para que os governantes deem a devida atenção aos seus direitos e se conduzam em conformidade com os limites estabelecidos pela constituição.

3. Do compromisso maximizador à resiliência constitucional

Elaborar uma constituição não é uma tarefa simples. É verdade que há receitas prontas para todos os gostos. Constituições enxutas para liberais. Constituições robustas para social-democratas. Também se encontra à disposição um sem-número de soluções institucionais para a questão da forma de governo, do sistema eleitoral e partidário, do modelo de controle de constitucionalidade, da descentralização do poder e tantos outros componentes esperados dentro de uma constituição. Não se trata apenas de um conjunto de ideias cerebrinas, extraídas da razão abstrata, de "um pudim, a ser feito a partir de uma receita", como diria Young, mas de um rico acumulado de experiências constitucionais bem e malsucedidas ao longo da história. Assim, não deveria ser tão complicado para um grupo de especialistas de boa vontade fazer as escolhas institucionais mais acertadas.

Roberto Campos, nosso mais alinhado liberal a participar do processo constituinte de 1988, manifestou seu temor de entregar aos parlamentares uma missão tão ambiciosa, pois cada um "sente uma tentação insopitável de inscrever no texto constituinte sua utopia particular".[1] Por que não recorrer às experiências consolidadas? Para ele "a situação ideal é a inglesa. [...] Uma segunda solução — *second best* — é a americana".[2] Foi assim que começamos nossa vida republicana. Um grupo de pessoas versadas em direito, em torno de Rui Barbosa, preparou um projeto de constituição a partir do sintético modelo norte-americano, com a perspectiva de que, adotando as suas instituições, partilharíamos do mesmo destino dos Estados Unidos. A armadilha do transplante institucional, aliás, ainda é muito comum a países periféricos.

Não há como discordar de que fazer uma constituição seja um "esporte perigoso".[3] Importar um modelo, no entanto, pode não ser muito eficaz, até porque, quando a constituição não está sintonizada com as forças políticas que busca coordenar, com a estrutura econômica na qual se insere e com a sociedade a que aspira regular, tende a ser pouco efetiva. A adoção de modelos pré-fabricados pode ser uma boa alternativa para quem deseja uma constituição de fachada, "para inglês ver"; mas, quando uma sociedade se depara com a necessidade e a disposição de constituir-se politicamente e escolhe o caminho da democracia, não há alternativa que não se debruçar sobre os seus próprios problemas e desafios e encontrar as soluções institucionais que favoreçam o enfrentamento desses problemas.

Isso não significa que se deva desprezar a experiência de outros países, os modelos da ciência política e sobretudo a história. Afinal, o direito não dispõe de um laboratório no qual possam ser testados os seus "inventos". Assim, todos aqueles que se envolvem no desenho de instituições devem estar dispostos a conhecer como funcionam as instituições em outras circunstâncias. Mas é necessário ter a clareza de que essas experiências se deram em contextos políticos, econômicos e sociais muito distintos. O que pode funcionar bem num lugar nem sempre funciona em outro. Tomemos o exemplo do presidencialismo, sistema bastante estável e efetivo instaurado nos Estados Unidos há mais de dois séculos. Na América Latina, porém, tem sido uma fonte de instabilidade também de longa data.

Desafio maior do que escolher o bom desenho institucional é encontrar o bom desenho para uma sociedade em termos concretos. O desafio é que as soluções propostas sejam capazes de incorporar princípios de justiça e valores democráticos — caso contrário, é desnecessária uma constituição — e ao mesmo tempo obter a adesão dos atores políticos relevantes, assim como dos diversos setores sociais, que terão suas vidas diretamente impactadas pela constituição.

Embora a constituição seja um documento jurídico e suas escolhas gerem sanções e incentivos para que pessoas e agências se comportem de uma ou outra maneira, ela é sobretudo um artefato político, que depende da adesão de todos que serão afetados para que possa ter existência real. Nesse sentido, como diz Hardin, "o estabelecimento de uma constituição é em si um ato massivo de coordenação"[4] política que, se for bem-sucedido, cria os incentivos para que o jogo político continue se dando no leito de suas regras.

Como sabemos, a macrocoordenação política levada a cabo pela Assembleia Nacional Constituinte, que se reuniu por vinte meses nos anos de 1987 e 1988,[5] produziu uma Constituição ambiciosíssima quanto aos objetivos a serem perseguidos pela sociedade e pelo Estado brasileiro. Uma ampla carta de direitos e um sistema político altamente consensual.[6] Em termos ideológicos, buscou conjugar o velho nacional-desenvolvimentismo com um frescor pluralista gerado no período de redemocratização. Da perspectiva formal, trata-se de um documento bastante extenso e detalhista, que sobre tudo legislou. O texto também se distingue pelos robustos mecanismos de proteção do trabalho dos constituintes.

A questão que intriga é: por que um Congresso Constituinte composto de forma predominante por políticos profissionais, que após o término dos trabalhos permaneceriam no Congresso ou buscariam postos no Executivo, elaborou um texto que limitaria tanto o espaço de liberdade da política cotidiana? Por que figuras experientes da política optaram por uma Constituição que restringiu o poder do Legislativo e do Executivo, nos seus diversos níveis, naquilo que compõem a essência da política, que é o poder de arbitrar conflitos distributivos, decidir sobre temas importantes da economia, administração, moralidade, política criminal etc.? Ao constitucionalizar tantas "políticas públicas",[7] ou seja, transformá-las em questão de direito, foi transferido para as instituições de Justiça um poder que tradicionalmente pertencia ao campo da política. Mais do que isso, a Constituição fortaleceu o Judiciário, transferiu novas e inusitadas competências ao Ministério Público, além de conferir poderes sem precedentes ao Supremo Tribunal Federal. Tudo em detrimento da própria política. Como explicar esse fenômeno a partir da perspectiva de que políticos são seres racionais, maximizadores de seus próprios interesses?

Uma segunda questão que também parece paradoxal no processo constituinte brasileiro é: como uma Constituinte congressual, formada por uma maioria de políticos de perfil moderado e conservador, que não iria passar por nenhum processo de ratificação popular, produziu um documento considerado tão progressista, ou mais progressista que o perfil daqueles que participaram de sua feitura?

Penso que as respostas a algumas dessas perguntas estejam associadas aos seguintes fatores: alto grau de desconfiança entre os atores políticos; surpreendente participação popular na primeira etapa da Constituinte, favorecida pelas regras regimentais; ausência de um projeto hegemônico que servisse de fio condutor da constituição a ser elaborada; elevada fragmentação partidária (e intrapartidária, no caso do PMDB). Também deve ser levado em consideração que um processo de coordenação política e social dessa magnitude não escapou das teias mais estruturantes da cultura política nacional, marcada por um forte corporativismo, patrimonialismo e, de maneira mais abrangente, por uma ideologia desenvolvimentista.

A TRANSIÇÃO

A ideia de que o Brasil precisava de uma nova constituição surgiu como contraposição ao regime arbitrário, pautado em atos institucionais e nas Cartas de 1967 e 1969, que na verdade jamais limitaram o poder, sendo a edição de sucessivos atos institucionais a maior prova disso. A reivindicação da oposição, organizada em torno do MDB e de diversas organizações da sociedade civil, era a substituição do regime de exceção pelo estado de direito, a anistia política e a volta à democracia por intermédio da reconstitucionalização do país.

A "Carta de Recife", de 1971, talvez tenha sido o primeiro documento veiculado pelo MDB apontando a necessidade de elaboração de uma nova constituição para superar o regime autoritário. Como lembra Sérgio Rocha em sua rica reconstrução dos caminhos que levaram à Constituinte de 1987-8, a estratégia de lutar por uma nova constituição não era unânime dentro do MDB.[8] Para os moderados, a remoção do entulho autoritário e algumas reformas na Carta constitucional, imposta pelos militares em 1969, seriam o suficiente para que o país pudesse retomar a democracia do ponto em que havia sido interrompida em 1964. A decisão de apoiar a convocação de uma assembleia constituinte se tornaria questão fechada dentro do MDB somente em 1977, como reação às medidas de endurecimento do regime trazidas pelo chamado Pacote de Abril.⁹ Por intermédio desse pacote, o Palácio do Planalto buscava fortalecer a posição do governo diante do crescimento da oposição. Dentre as diversas medidas, destacavam-se a ampliação do mandato presidencial de cinco para seis anos e a criação dos chamados "senadores biônicos", que não seriam eleitos diretamente pela população em 1978.

A posição do MDB também seria influenciada por diversos movimentos da sociedade civil que viam a instalação de uma assembleia constituinte como um imperativo para a reconstrução da democracia. No dia 8 de agosto de 1977, no pátio externo da Faculdade de Direito do Largo de São Francisco, a "Carta aos brasileiros" foi lida por Gofredo da Silva Teles Jr., com duras críticas ao regime militar, especialmente às medidas impostas pelo Pacote de Abril, que seriam inconstitucionais pela própria Carta autoritária de 1969. Para que os direitos humanos, o estado de direito e a democracia pudessem ser restabelecidos, era necessária uma nova constituição. E somente o povo, por intermédio de uma assembleia constituinte, teria legitimidade para adotá-la.

> Costuma-se dizer que a Constituição é obra do Poder. Sim, a Constituição é obra do Poder Constituinte. Mas o que se há de acrescentar, imediatamente, é que o Poder Constituinte pertence ao Povo, e ao Povo somente. [...] Assim como a validade das leis depende de sua conformação com os preceitos da Constituição, a legitimidade da Constituição se avalia pela sua adequação às realidades socioculturais da comunidade para a qual ela é feita. [...] Declaramos ilegítima a Constituição outorgada por autoridade que não seja a Assembleia Nacional Constituinte [...].¹⁰

Lançou-se, então, uma campanha nacional pela reconstitucionalização do país, fortemente abraçada por um grupo progressista de profissionais do direito, muitos deles envolvidos na defesa de presos políticos e no combate ao cerceamento das liberdades civis. José Carlos Dias recorda as inúmeras viagens, organizadas pela Associação dos Advogados de São Paulo, na companhia de outros juristas como Márcio Tomás Bastos ou Miguel Reale Jr., para sensibilizar os colegas sobre a necessidade de se elaborar uma nova constituição.

A Ordem dos Advogados do Brasil, que originalmente apoiou o golpe de 1964, começou a se afastar do regime em 1977, com a eleição de Raymundo Faoro para o posto de presidente do seu Conselho Federal. Para o autor do clássico *Os donos do poder*, o processo de abertura deveria se iniciar com o restabelecimento do habeas corpus e a aprovação de uma anistia. A constituinte era algo que deveria ser deixado para depois. A OAB somente veio a aderir oficialmente à luta pela constituinte no início dos anos 1980, sob a presidência de Bernardo Cabral, que viria a ser o relator da Assembleia Constituinte.[11]

No final dos anos 1970, o Brasil testemunhou ainda o surgimento de uma nova força política. A partir de um conjunto de greves na região do ABC, em São Paulo, que depois se alastraria por todo o país, um novo movimento sindical foi se emancipando da tutela do Estado, sob a liderança de Luiz Inácio da Silva, contribuindo para a desestabilização do regime militar e impondo aos empresários a necessidade de se amoldar a novas estratégias de negociação se quisessem manter suas atividades econômicas em funcionamento.

A Igreja católica, que também apoiou o golpe militar em 1964, começou a assumir uma posição cada vez mais crítica ao regime de exceção, especialmente a partir da criação das Comissões de Justiça e Paz em São Paulo e Recife, sob a liderança, respectivamente, de dom Paulo Evaristo Arns e dom Hélder Câmara.

As fissuras internas do regime militar permitiram que, a partir da eleição do general Ernesto Geisel à Presidência pelo Colégio Eleitoral, fosse aberta uma janela de diálogo do regime com as elites civis e eclesiástica, que lideravam o movimento de oposição ao autoritarismo. Figuras como Leitão de Abreu e Petrônio Portela contribuíram nesse processo de dissensão que culminaria com a aprovação da Lei de Anistia e o fim do bipartidarismo, em 1979, além da retomada das eleições para os governos estaduais, que ocorreriam em 1982. O aprofundamento da crise econômica e a insatisfação de setores empresariais, por fim, provocaram a erosão do apoio ao regime militar.

As eleições de 1982 para os governos estaduais consolidaram uma tendência, iniciada a partir das eleições legislativas de 1978, de crescimento da oposição. A vitória de Franco Montoro em São Paulo, de Leonel Brizola no Rio de Janeiro e de Tancredo Neves em Minas Gerais deu à oposição não apenas votos nos principais colégios eleitorais do país, deixando claro que o processo de abertura era irreversível, mas também conferiu uma base institucional para que o movimento em direção à redemocratização se completasse.

Nesse contexto, o jovem deputado pelo PMDB de Mato Grosso, Dante de Oliveira, apresentou, em 2 de março de 1983, uma proposta de emenda constitucional com o objetivo de restabelecer as eleições diretas para presidente. Em torno da ideia simples, mas poderosa, de "diretas já", amplos setores da sociedade foram às ruas, num movimento sem precedentes, para pedir o fim do regime militar e o restabelecimento do direito de escolher o presidente. O movimento reuniu em palanques por todo o país intelectuais, artistas, lideranças sociais e, sobretudo, líderes políticos de uma ampla frente de partidos de oposição que se formou a partir da restauração da liberdade partidária. No histórico comício da praça da Sé, em São Paulo, em 25 de janeiro de 1984, estavam reunidas figuras como Ulysses Guimarães, Luiz Inácio Lula da Silva, André Franco Montoro, Leonel Brizola e Fernando Henrique Cardoso.

Sob forte pressão dos militares, que chegaram a cercar o Congresso Nacional para que o povo não ocupasse as suas galerias, a emenda ficou a 22 votos dos dois terços necessários para sua aprovação. Foi um momento de enorme frustração política e social. Rapidamente os líderes mais moderados da oposição vislumbraram a oportunidade de canalizar esses votos e a frustração social para obter uma vitória no Colégio Eleitoral. A alternativa de desestabilizar o regime utilizando-se de suas próprias regras gerou uma ruptura no interior do partido do governo, resultante da imposição do ex-governador de São Paulo, Paulo Maluf, como candidato ao Palácio do Planalto. José Sarney, então presidente do PDS, partido que sucedeu a Arena, base de sustentação dos governos militares, liderou uma debandada e fundou o PFL.

Foi da fusão da oposição moderada ao regime com a nova dissidência que surgiu a Aliança Democrática,[12] tendo Tancredo Neves, governador de Minas, como candidato a presidente e José Sarney, oriundo da antiga UDN, recém-saído das hostes do regime, como vice.

O projeto foi acusado de ser apenas mais um "golpe das elites políticas conservadoras", que estaria em planejamento desde o lançamento da campanha pelas eleições diretas. Com o beneplácito de Ulysses Guimarães e Franco Montoro, que disputavam a liderança do PMDB, um no congresso, outro no governo do estado de São Paulo, Tancredo buscou canalizar a energia política das "Diretas Já" para sua eleição indireta, assumindo o compromisso de, se eleito, entre outras coisas, convocar uma Assembleia Nacional Constituinte. O movimento foi bem-sucedido, e Tancredo derrotou Maluf no Colégio Eleitoral.

Logo após a vitória no Colégio Eleitoral, no dia 15 de janeiro de 1985, Tancredo Neves fez um discurso convocando a nação para um grande debate sobre a nova constituição. Não havia, nesse momento, nenhuma definição sobre o modelo de processo constituinte ou de constituição a ser elaborado. A convocação de Tancredo disparou inúmeras iniciativas por todo o Brasil, que se somaram aos debates que já vinham sendo encabeçados por juristas e outras lideranças. A constituinte passava a ser o catalisador do debate sobre os grandes desafios da sociedade brasileira.[13] Em fevereiro de 1985, muitos desses movimentos convergiram na criação do Plenário Pró-Participação Popular na Constituinte, que teria posteriormente um enorme impacto na primeira fase da Constituinte. O próprio Tancredo, por iniciativa do senador Afonso Arinos de Melo Franco, aceitou criar uma Comissão de Estudos Constitucionais para colher propostas e preparar um anteprojeto a ser oferecido à Assembleia Constituinte, o que veio a ocorrer somente em 18 de junho de 1985, por determinação de José Sarney.

Acometido por uma diverticulite, Tancredo foi internado em São Paulo um dia antes da data da posse como presidente da República. Surgiu, então, uma dúvida jurídica pertinente. Quem deveria assumir? O vice-presidente ou o presidente da Câmara dos Deputados? Foi um momento de profunda tensão, resolvido por uma ampla concertação de lideranças civis e militares e a aquiescência do Supremo Tribunal Federal. Instado pelo comandante do Exército, general Leônidas Pires Gonçalves, o ministro Moreira Alves, decano do Supremo, reuniu em seu apartamento, numa sessão informal, seus colegas de Tribunal, que, contra o voto do ministro Sydney Sanches, endossaram a legalidade da posse de José Sarney.

Sarney assumiu a presidência em 15 de março de 1985. Imediatamente recebeu de Ulysses Guimarães o plano de governo da "Nova República", firmado pela chapa Tancredo-Sarney, que incluía a convocação de uma Assembleia Nacional Constituinte. No Congresso, Ulysses começou a preparar as condições para a remoção do "entulho autoritário", em parceria com Fernando Lira, escolhido como ministro da Justiça por Tancredo e empossado por Sarney.

A derrota da emenda das "Diretas" e a morte de Tancredo Neves, que impôs à sociedade a posse do ex-presidente da Arena como presidente, geraram uma enorme frustração tanto na sociedade quanto nos setores políticos mais progressistas. Mais do que isso, provocaram desconfiança entre os diversos partidos e orientações ideológicas que iriam posteriormente se encontrar durante o processo constituinte.

MOMENTO CONSTITUINTE

A posse de Sarney deu-se num contexto de grande frustração política e social. A Constituinte tornou-se, então, o espaço para onde as forças interessadas em transformar a sociedade e o Estado brasileiro convergiram suas energias.

Havia naquele momento um intenso debate entre os atores políticos e especialmente juristas sobre o melhor formato a ser dado para a convocação da Assembleia Constituinte. De um lado, políticos e juristas mais conservadores, muitos ligados a Sarney desde o tempo da UDN, como Afonso Arinos e Célio Borja,[14] entendiam que era desnecessária a convocação de uma Assembleia exclusiva e soberana. Dada a natureza pacífica do processo de transição, sem ruptura da ordem institucional, bastava conferir ao Congresso Nacional poderes especiais para reformar a Carta de 1969. Daí o conceito de "constituinte instituída". Por trás do argumento jurídico estava evidentemente a tentativa de manter o processo de reconstitucionalização sob o controle dos profissionais da política, sempre bem assessorados pelos "juristas da coroa".

No campo da sociedade civil e dos chamados autênticos do MDB, e mesmo outras correntes políticas mais progressistas, a proposta era uma Constituinte soberana e exclusiva. Raymundo Faoro publicou em 1981 seu precioso *Assembleia Constituinte: A legitimidade recuperada*,[15] em que apresenta um robusto argumento em favor de uma constituinte exclusiva como única forma de reconstrução da legitimidade do poder. A sua tarefa seria elaborar uma nova constituição e não simplesmente remendar a antiga, sem nenhuma limitação por parte dos poderes constituídos. Feito isso, a Assembleia seria dissolvida. Do ponto de vista estratégico, o que se buscava era isolar a Constituinte do governo. Na medida do possível, a intenção era desincentivar a participação de políticos profissionais e atrair lideranças sociais, criando um ambiente mais propício para a deliberação de natureza constitucional, em que se daria a definição das regras que governariam a política e dos princípios de justiça que pautariam a vida da comunidade.

Em junho de 1985, o presidente José Sarney encaminhou ao Congresso Nacional uma proposta de emenda constitucional para a convocação de uma Constituinte congressual ou "instituída", nos termos empregados pelo senador e jurista Afonso Arinos de Melo Franco, impondo mais uma derrota aos progressistas. O objetivo era entregar a tarefa de revisão da Constituição ao establishment político, sem maior participação da sociedade. Numa estrutura ainda marcada pela forte centralização do poder nas mãos do Executivo, isso significaria, na prática, que Sarney conduziria a elaboração do novo texto.

No entanto, o deputado Flavio Bierrenbach, do PMDB de São Paulo, ligado ao grupo que havia elaborado a "Carta aos brasileiros" e relator da emenda na Câmara dos Deputados, apresentou um substitutivo em sentido contrário aos objetivos do governo, prevendo inclusive um plebiscito, pelo qual o povo escolheria se a Constituinte seria congressual ou exclusiva, além de propor diversos outros mecanismos voltados a diferenciar o processo constituinte do processo político ordinário. Derrotado, foi constrangedoramente afastado da relatoria por Ulysses Guimarães. Em 27 de novembro de 1985, foi aprovada a emenda nº 26 à Constituição, determinando que a legislatura federal seguinte, a ser eleita em novembro de 1986, teria poderes constituintes.

Sarney também cumpriu o compromisso de Tancredo e estabeleceu, ainda em 18 de julho de 1985, a Comissão Provisória de Estudos Constitucionais, logo batizada de Comissão Arinos, nome de seu idealizador, ou "Comissão de Notáveis", que denotava certa ironia quanto ao perfil elitista dos componentes do grupo. A Comissão Arinos, no entanto, surpreendeu a todos, apresentando uma proposta bastante progressista para o perfil de seus membros. Além de direitos compatíveis com um governo social-democrata, propunha um regime parlamentarista e a redução do mandato presidencial para quatro anos. O resultado entregue ao presidente Sarney foi tão contrário às suas expectativas que o presidente se negou a encaminhá-lo ao Congresso Nacional como sugestão do Executivo. Embora o projeto da Comissão de Notáveis não tenha desempenhado uma função oficial no processo de elaboração da nova Constituição, Sérgio Rocha apurou que o texto circulou informalmente entre os constituintes.[16]

Diversos membros e analistas dos trabalhos da Comissão atribuem o paradoxo de um grupo majoritariamente conservador ter produzido um documento progressista ao fato de os membros mais conservadores da comissão não terem dado a devida importância ao seu trabalho.[17] Destacam ainda a influência do professor José Afonso da Silva sobre o texto final. José Afonso viria a ocupar ainda a posição de assessor direto do senador Mário Covas durante todo o processo constituinte, deixando marcas ainda mais profundas sobre o texto constitucional de 1988.

INSTAURAÇÃO DA ASSEMBLEIA CONSTITUINTE

As eleições para a Assembleia Constituinte ocorreriam em 15 de novembro de 1986, sob um marco institucional de plena liberdade partidária. A sua instalação deu-se em 1º de fevereiro de 1987. O resultado do processo foi diretamente influenciado pela adoção do Plano Cruzado, voltado à estabilização da economia, que gerou uma ampla, ainda que fugaz, popularidade para o governo. A vitória do PMDB foi acachapante, tanto no âmbito das eleições estaduais como para a composição da Constituinte. Sozinho o PMDB alcançou 306 cadeiras das 559 disponíveis (seguido do PFL, com 132; PDS, com 38; PDT, com 26; PTB, com 18; PT, com 16; PL, com 7; PDC, com 6; PCB, com 3; PCdoB, com 3; PSB, com 2; PSC, com 1; e PMB, com 1).[18] Essa composição não deve, no entanto, passar a impressão de que o PMDB consistia numa força hegemônica na Constituinte. Além de sua tradicional fragmentação interna, que sobrevive até os dias de hoje, o partido tivera nos anos anteriores os seus quadros artificialmente inchados por políticos oriundos das mais distintas origens ideológicas, que viam na adesão ao PMDB uma oportunidade para buscar apagar seus vínculos com o regime militar.

Após a instauração da Assembleia Constituinte, Ulysses Guimarães foi eleito seu presidente, obtendo 425 votos, contra 69 atribuídos ao deputado Lisânias Maciel, do PDT do Rio de Janeiro.[19] Ulysses estabeleceu-se, assim, como o grande coordenador do processo constituinte e ponte de diálogo entre os setores progressistas, moderados e conservadores dentro da Assembleia.

A primeira grande batalha veio com a determinação das regras que ordenariam o trabalho. Havia uma sugestão de se adotar regras semelhantes às que imperaram na Constituinte de 1946, que funcionara com uma comissão de parlamentares encarregada de colher subsídios e apresentar um primeiro projeto de texto aos colegas de parlamento. A proposta foi duramente rechaçada pela maioria dos constituintes, que temia ficar alienada do processo. As experiências constituintes anteriores haviam sempre partido de algum documento básico, como explica Afonso Arinos, e depois encaminhada por um grupo mais restrito dentro da Assembleia. O clima de 1987 indicava, no entanto, que seria muito mais difícil do que no passado a realização de um pacto entre elites lavrado pelo estamento de juristas, com sua enorme força no desenho das instituições brasileiras.

A incumbência de redigir o Regimento Interno da Assembleia Nacional Constituinte foi atribuída ao senador Fernando Henrique Cardoso, do PMDB de São Paulo, com o apoio dos deputados Nelson Jobim, do PMDB do Rio Grande do Sul, e Bonifácio de Andrada, do PDS de Minas Gerais. O resultado foi um documento inovador, visto como a primeira vitória do campo progressista na Assembleia. O regimento desempenhou um papel importantíssimo, permitindo que o processo constituinte se tornasse mais permeável à participação da sociedade civil do que originalmente pretendia o governo. O processo estaria dividido em duas etapas. Na primeira delas, os constituintes seriam distribuídos em oito comissões temáticas, cada uma subdividida em três subcomissões. O deputado Nelson Jobim explicou o modo como foram estabelecidas as comissões e subcomissões temáticas. Havia uma publicação do Senado Federal que reunia um pequeno conjunto de constituições estrangeiras e as nossas Constituições a partir da de 1824. Ele e um grupo de constituintes se debruçaram sobre títulos e capítulos e encontraram um denominador comum, que foram as oito comissões divididas em 24 subcomissões.[20]

O resultado desse trabalho seria remetido para uma Comissão de Sistematização que, por fim, prepararia o projeto de Constituição e o remeteria ao plenário da Assembleia. Começaria, então, a segunda fase do processo, com debates e votações em plenário. Nessa segunda fase caberia àqueles que quisessem derrubar os dispositivos do texto apresentado pela Comissão de Sistematização conseguir a maioria absoluta dos constituintes, ou 280 votos.

PACTO SOCIAL-CORPORATIVO

As franquias abertas pelo regimento subverteram por completo a intenção do governo de ter uma Constituinte sob o estrito controle dos políticos. Nessa primeira fase, quem dominou o processo foram as organizações da sociedade civil, os sindicatos e as corporações, além de novos movimentos emergentes. Em síntese irônica, o jurista Miguel Reale Jr., assessor da presidência da Assembleia, afirmaria que, "da tanga à toga",[21] todos passaram por lá.

O regimento conferia às 24 comissões e subcomissões o poder de colher propostas dos constituintes, receber sugestões de iniciativa popular e realizar audiências públicas, que seriam depois alinhavadas pela Comissão de Sistematização. Os relatores escolhidos pelas lideranças partidárias tinham um enorme grau de liberdade para acomodar no texto todas essas propostas. Mário Covas se utilizou da prerrogativa de líder do PMDB, maior bancada da Constituinte, para escolher relatores das comissões e subcomissões afinados com uma posição mais progressista, causando grande desconforto nas bancadas mais conservadoras.[22]

Estima-se que cerca de 9 milhões de pessoas passaram pela Constituinte entre março e novembro de 1987. Foram realizadas 182 audiências públicas, encaminhadas 11 989 propostas e 6417 emendas e anteprojetos.[23] Nessa etapa, a Constituinte funcionou como uma espécie de aspirador de demandas sociais, reprimidas por vinte anos pela ditadura e pela enorme frustração com a derrota da campanha pelas eleições diretas. A mobilização nesse período não se restringiu às organizações da sociedade civil, ao movimento sindical e aos movimentos sociais, que tinham se fortalecido imensamente durante o período de transição. Também foi a oportunidade para a inclusão no texto de interesses específicos de natureza corporativista e patrimonialista, como a proteção à empresa nacional, o resguardo de uma série de atividades econômicas monopolistas, o princípio da unidade sindical, ou inúmeras prerrogativas de categorias de servidores públicos enraizadas na cultura política e nas estruturas do Estado a buscarem entrincheirar no texto os seus interesses.

Assim como havia ocorrido na Comissão Afonso Arinos, apesar da maioria de moderados e conservadores, os setores mais à esquerda se beneficiaram da imensa mobilização social e inseriram nos respectivos projetos temáticos muitas das suas demandas sociais, econômicas e corporativas. O fato de o processo constituinte ter se iniciado de forma tão inclusiva, a partir de áreas temáticas razoavelmente bem definidas, favoreceu uma intensa pressão sobre os constituintes em cada comissão e subcomissão, ampliando as questões a compor o novo tecido constitucional brasileiro. A Constituição incorporou uma ampla gama de direitos de natureza difusa, como meio ambiente, patrimônio histórico e cultural, direitos do consumidor, assim como de crianças e adolescentes ou idosos, que se encontravam incorporados ao sistema jurídico ou às ordens constitucionais anteriores. Também as questões mais tradicionais, mas que não tinham hierarquia constitucional, subiram de posto. Temas de processo, direito civil, tributário ou previdenciário passaram a ocupar um espaço constitucional muito mais amplo do que nas Constituições anteriores.

A falta de confiança da sociedade na classe política, bem como a desconfiança da classe política em si mesma, favoreceu a que todos buscassem maximizar os seus interesses, entrincheirando-os na Constituição. Prevaleceu uma estratégia de curto prazo, em detrimento da adoção de uma Constituição mais procedimental, que transferiria ao sistema político e às futuras gerações o poder de ir conformando a vida política, econômica e social brasileira.

Era evidente que esse volume de projetos iria transformar numa tarefa hercúlea o trabalho das comissões temáticas e da Comissão de Sistematização, que tinha como relator o deputado Bernardo Cabral, do PMDB do Amazonas, e como presidente o senador Afonso Arinos. A Comissão de Sistematização foi instalada em 9 de abril de 1987, mas recebeu os sete anteprojetos das comissões temáticas apenas no dia 17 de junho. Além de reunir os anteprojetos, o relator deveria analisar as propostas de iniciativa popular e conceder audiências públicas aos seus defensores, e aos membros da Comissão de Sistematização cabia debater e definir, pelo voto da maioria, o texto a ser apresentado ao plenário.

Dado o imenso volume de informações, o trabalho tomou muito mais tempo do que se imaginava originalmente. O primeiro texto produzido pelo relator, batizado de Frankenstein,[24] tinha nada menos do que 501 artigos, sucedido pelo projeto Zero, com 496 artigos. Somente a esse projeto foram apresentadas 20 791 emendas. Esse período é marcado por uma enorme insatisfação dos membros do plenário, desinformados e alienados do que ocorria no interior da Comissão de Sistematização, e também do governo, que via suas propostas sistematicamente derrotadas. Mas também foi um período de intenso trabalho e negociação na Comissão, que gerou ao todo nove projetos.

Apenas no dia 18 de novembro a Comissão de Sistematização conseguiria terminar o seu trabalho, aprovando um projeto de 335 artigos, sendo 271 nas disposições permanentes e 63 nas disposições transitórias.[25] O resultado foi recebido de forma muito negativa por setores mais ligados ao mercado, assim como pelos segmentos mais conservadores da vida brasileira.[26] Os capítulos da ordem econômica e dos direitos sociais são particularmente contestados. Do lado do governo, a aprovação de um regime parlamentarista enfureceu o Planalto. A reação desses setores veio por intermédio da criação do Centrão.

O PACTO POLÍTICO

A primeira iniciativa do Centrão seria propor uma reforma do regimento. Pelo texto original, o projeto aprovado na Comissão de Sistematização somente poderia ser derrubado pela maioria absoluta dos constituintes em plenário. Ou seja, o ônus de obtenção da maioria deveria ficar nessa etapa apenas com aqueles que foram derrotados na primeira etapa da Constituinte, que chamei aqui de pacto social corporativo. Havia uma percepção dos setores mais conservadores e governistas de que a Comissão de Sistematização tinha traído a confiança do plenário e aprovado em seu nome um texto que em muito se distanciava daquilo que havia sido debatido em cada subcomissão e em cada comissão. Portanto, era necessário mudar as regras, permitindo a apresentação de emendas e o estabelecimento de uma certa paridade de armas, exigindo que a defesa do texto contestado em plenário também se desse por maioria absoluta de votos.

O novo texto do regimento proposto pelo Centrão, e amplamente negociado na virada do ano, foi finalmente aprovado no dia 5 de janeiro de 1988.[27] As duas principais alterações foram a flexibilização para apresentação de emendas a títulos e capítulos, o que permitiria propor a alteração por completo daquilo que havia sido aprovado na sistematização, e a criação dos destaques para votação em separado (DVS), estabelecendo que, pela assinatura de no mínimo 187 constituintes, a matéria constitucional destacada somente permaneceria no texto se houvesse o apoio da maioria absoluta do plenário. Transferia-se, assim, o ônus de obtenção da maioria absoluta para os que defendiam o texto aprovado na primeira etapa da Constituinte.

No entanto, a vitória do Centrão em torno do novo Regimento Interno não lhe garantiu a maioria absoluta no plenário para alterar cada decisão aprovada na primeira etapa. Não se tratava de um bloco coeso tematicamente. Da mesma forma, o chamado bloco progressista não tinha uma postura fechada em relação a todos os temas aprovados na etapa das comissões. Isso gerou um processo de barganha tema a tema, em que as fronteiras entre progressistas e conservadores não estava bem delimitada. Interesses regionais e corporativos se justapunham a afinidades ideológicas, o que dificultou o processo decisório.

Nesse momento, premidos pelo calendário e pela crise econômica, que se tornava mais dramática, foi necessário criar mecanismos mais eficientes de coordenação política, que não substituíssem o plenário, mas facilitassem o processo decisório. O mecanismo foi o fortalecimento do Colégio de Líderes. Esse colegiado, que reunia também os membros da Mesa, selecionava os temas mais polêmicos, convocava os constituintes particularmente interessados e propunha uma solução para o impasse. Com isso foi possível aprovar no dia 5 de julho de 1988, após 732 votações e 119 sessões, o que veio a ser chamado de Projeto de Constituição B.

No segundo turno, as regras para a votação se reequilibraram. Não era mais possível a apresentação, por uma minoria, de destaques que exigissem uma maioria absoluta para a validação do texto já aprovado em primeiro turno. Também passaram a ser admitidas apenas emendas supressivas, ou voltadas a corrigir erros no texto. As armas voltam a se igualar. A regra para suprimir e manter era a maioria absoluta. Com a perspectiva do impasse, as críticas por parte do governo e dos empresários aumentou.

Foi durante esse período que se intensificaram as tensões entre Sarney e Ulysses Guimarães. No dia 26 de julho, Sarney decidiu partir para o confronto com a Assembleia Constituinte e, em cadeia nacional de rádio e televisão, fez críticas contundentes ao conteúdo estatista da Constituição e declarou que "os brasileiros receiam que a Constituição torne o país ingovernável. [...] Primeiro, há o receio de que alguns dos seus artigos desencorajem a produção, afastem capitais, sejam adversos à iniciativa privada e terminem por induzir ao ócio e à improdutividade. Segundo, [receia-se] que outros dispositivos possam transformar o Brasil, um país novo, que precisa de trabalho, em uma máquina emperrada e em retrocesso. E que o povo, em vez de enriquecer, venha a empobrecer e possa regredir, em vez de progredir". A reação de Ulysses Guimarães foi imediata. Demonstrando enorme liderança, conseguiu 403 votos, contra apenas treze e 55 abstenções, para a aprovação em bloco do Projeto B. Ao término da votação, fez um discurso histórico, em que afirmou que a "governabilidade está no social. A fome, a miséria, a ignorância, a doença inassistida são ingovernáveis", deixando claro que a Constituição que se estava elaborando era fruto da vontade do povo: "O povo nos mandou aqui para fazê-la, não para ter medo. Viva a Constituição de 1988!". O segundo turno de votação seria concluído no dia 2 de setembro de 1988, após 288 votações e 38 sessões.[28] O temor de uma crise institucional, o agravamento da crise econômica e a aproximação das eleições municipais certamente contribuíram para que as partes buscassem um consenso em torno dos temas mais polêmicos.

Todo processo constituinte bem-sucedido é um grande ato de coordenação das forças sociais e políticas da nação. A aprovação de uma constituição, quando não conta com a adesão dessas forças, tem apenas miseráveis chances de sobreviver. Afinal, se a função essencial da constituição é habilitar o jogo democrático, é indispensável que todos estejam dispostos a jogar o jogo de acordo com as suas regras. Até 2013 não havia dúvida sobre o compromisso dos principais agentes políticos e institucionais com o regime criado em 1988. A concepção partidária, a contestação do resultado eleitoral de 2014 por Aécio Neves, as diversas estocadas institucionais de Eduardo Cunha, que culminaram com o impeachment da presidente, a capitulação do TSE no julgamento da chapa Dilma-Temer, entre outros eventos, apontam para uma fragilização do compromisso constitucional por parte de diversas lideranças políticas e institucionais. Até esse momento a competição eleitoral se deu no marco da Constituição, assim como as disputas e conflitos de interesse foram enfrentados a partir dos procedimentos constitucionais. Mesmo as insatisfações quanto às regras estabelecidas pela Constituição de 1988, que não eram poucas, foram processadas no texto constitucional, capaz de se adaptar aos novos consensos, permitindo a alteração de seus dispositivos e sinalizando uma surpreendente resiliência.

RESILIÊNCIA

O compromisso maximizador gerou um documento extenso, detalhista e ambicioso. A fragmentação político-partidária, o alto grau de desconfiança entre os atores políticos, a multiplicidade de grupos de interesses presentes na cena constituinte, a ausência de um anteprojeto com linhas bem definidas, a intensa participação da sociedade civil, assim como de corporações, tudo isso gerou uma Constituição que abrigou uma enorme gama de interesses, muitos deles contrapostos. Sua marca distintiva não é o caráter nacional-desenvolvimentista, dirigista, corporativista, social-democrata, "chapa branca", neoconstitucional, embora o texto original contivesse todas essas características. Trata-se de um documento sincrético, que garantiu a todos os setores que foram capazes de se articular durante o processo a inserção de ao menos alguma parcela de seus interesses no texto constitucional.

A Constituição estabeleceu objetivos ambiciosos de transformação social, reconheceu uma ampla e generosa carta de direitos, organizou um sistema político pluralista e altamente consensual, lançou bases para uma economia nacional-desenvolvimentista, fortaleceu as agências de aplicação da lei, em especial o Ministério Público, regulou diversas áreas do direito, antes deixadas aos cuidados do legislador ordinário, e estabeleceu as diretrizes para inúmeras políticas públicas. O texto também entrincheirou privilégios, protegeu interesses corporativos e regulou assuntos irrelevantes.

O texto de 1988 foi produto de um amplo e intenso processo de conciliação entre as forças políticas que desestabilizaram o regime militar e aquelas que o haviam apoiado e que não foram desalojadas das diversas estruturas de poder com o processo de transição. Basta lembrar que, no tempo da Constituinte, o país era presidido por José Sarney, que não apenas tinha sido um dos principais pilares civis do regime militar, mas também se opunha abertamente a uma profunda transformação da arquitetura constitucional herdada do regime de exceção. Para Sarney, bastaria uma reforma para remover o "entulho autoritário". Do outro lado, no comando do parlamento, estava Ulysses Guimarães, que, embora tenha aceitado a ideia de uma Constituinte congressual, contribuiu para que o Congresso Nacional se transformasse no mais inclusivo momento constituinte de nossa história.

Como parte do processo de transição, a Constituinte teve natureza conciliatória, negociada e compromissária. Na ausência de um projeto prévio e diante da grande fragmentação político-partidária, a Constituinte exigiu um enorme esforço de coordenação, que envolveu múltiplos setores com poderes e influência assimétricos. Não se tratou, portanto, de um processo de negociação entre forças razoavelmente igualitárias na sociedade, capazes de firmar um pacto simétrico de mútuo interesse. Dado o caráter fragmentado das negociações, no marco de uma amplíssima agenda temática, foi possível que atores com menos poder de barganha alcançassem algumas vitórias pontuais. Essa característica favoreceu a aprovação da nova Constituição por uma ampla maioria da Assembleia não porque houvesse um forte consenso sobre as qualidades intrínsecas do texto como um todo, mas pelo fato de a grande maioria dos constituintes ter conseguido inserir na Constituição algumas de suas propostas.

No que se refere à inclusão de temas no texto constitucional, o resultado do processo constituinte brasileiro foi o oposto do ocorrido nos Estados Unidos. A Convenção de Filadélfia, de 1787, também foi marcada por fortes conflitos de interesses entre estados, setores da economia, além de distintas concepções de república esposadas por federalistas e antifederalistas. A estratégia de composição desses interesses, no entanto, foi na direção oposta da brasileira. Os principais dissensos sobre questões substantivas foram mantidos, na medida do possível, fora da Constituição, que se concentrou em estabelecer procedimentos para tomada de decisão. Daí falar-se que a Constituição norte-americana resultou numa *everyone's second choice* ["segunda opção de todos"]. A nossa estratégia foi entrincheirar os diversos interesses, ainda que de difícil conciliação, dentro do texto. A estratégia aqui levou a um compromisso maximizador. Uma *everyone's first choice* ["primeira opção de todos"].

Há uma longa tradição de crítica a constituições extensas, detalhistas e ambiciosas, como a brasileira. O pensamento constitucional convencional considera como medida ideal as constituições liberais, em especial a concisa Constituição norte-americana, de 1787. O ceticismo em relação às constituições detalhistas e dirigentes advém de múltiplos planos, partindo da hipótese central de que existiria uma correlação causal entre conteúdo minimalista do texto e sua efetividade, sua aplicabilidade e sua longevidade. Para essa linha de pensamento, as constituições ambiciosas e transformadoras teriam mais dificuldade de realizar seus projetos normativos, o que levaria necessariamente à perda de autoridade e legitimidade ao longo do tempo. O fato de serem meticulosas geraria problemas de antinomias, o que dificultaria sua aplicação. Por fim, textos extensos e detalhistas ficariam obsoletos mais depressa, gerando a necessidade de constantes reformas até que, desconfigurados, precisassem ser substituídos.

A Constituição brasileira de 1988 foi, desde sua adoção, criticada com base nesse triplo diagnóstico negativo. Em primeiro lugar, considerou-se que sua ambição normativa levaria a uma enorme frustração social, já que o Estado não seria capaz de cumprir com as promessas constitucionais (crítica da ineficácia material). Os juristas alertavam para as diversas imperfeições e contradições normativas, o que levaria a constantes crises e conflitos interpretativos. Apontavam também que sua incompletude demandaria uma constante atuação do legislador. Em face do baixo grau de confiança no parlamento, isso certamente contribuiria para que a Constituição se tornasse inoperável (crítica da confusão normativa). Por fim, também se apontava que a amplitude temática e o detalhamento de conteúdo tornariam a Constituição rapidamente obsoleta, exigindo constantes reformas e um falecimento precoce (crítica do engessamento).

A Constituição de 1988 de fato enfrentou, e ainda enfrenta, problemas de ineficácia material, de conflitos interpretativos e mesmo de excesso de reformas, como prognosticavam seus críticos. Contra todos os vaticínios, no entanto, vem se mostrando surpreendentemente resiliente. Tomando livremente um conceito da física, resiliência é a propriedade que possuem alguns materiais de acumular energia, quando exigidos ou submetidos a estresse, sem que ocorra ruptura ou modificação permanente da sua natureza. Perduram no tempo, retornando ao ponto de equilíbrio. Não são rígidos no sentido da intolerância a certas pressões. Tampouco são flexíveis no sentido de sua modificação radical em razão de certas pressões. "Acomodam" estímulos e pressões, preservando sua função e sua identidade em diferentes ambientes.

Nestas três décadas, a Constituição foi emendada 106 vezes, o que aponta, por um lado, para certa "instabilidade normativa". Por outro, no entanto, revela uma enorme capacidade de adaptação. Cumpre destacar que a grande maioria dessas reformas não atingiu o cerne da Constituição. O sistema político e a carta de direitos encontram-se basicamente preservados. Talvez a maior alteração no campo dos direitos sociais tenha ocorrido somente 29 anos depois da promulgação da Constituição, com a aprovação, no governo de Michel Temer, da emenda nº 95, de 2017, que estabeleceu um teto para os gastos públicos. Isso afetou o sistema de vinculação orçamentária voltado a financiar parte dos direitos sociais, como educação e saúde.

Na esfera da separação de poderes, as duas principais modificações foram a autorização de reeleição para cargos executivos (emenda nº 16, de 1997) e a reforma do Judiciário (emenda nº 45, de 2004). O bloco constitucional, composto pelos direitos fundamentais, pelo sistema democrático, pela federação e pelo sistema de organização dos poderes, portanto, ficou preservado das inúmeras reformas aprovadas ao longo das últimas décadas.

A maior parte das reformas constitucionais se dirigiu a alterar a ordem econômica, as diversas políticas públicas e regimes jurídicos de natureza estatutária incorporados pela Constituição. Não se deve minimizar o impacto de algumas dessas reformas sobre a identidade da Constituição. A emenda nº 6, de 1995, por exemplo, deu início a uma profunda alteração do sistema econômico originalmente desenhado pela Constituinte, abrindo espaço para uma maior liberalização da economia, privatizações e integração ao mercado internacional.

É verdade que, ao completar trinta anos, a Constituição está submetida ao mais intenso teste de estresse de toda a sua trajetória, com forte impacto sobre o comportamento dos atores e instituições constitucionais. A sucessão de jogadas duras e o surgimento de um ciclo de retaliações institucionais têm provocado um profundo mal-estar constitucional. O desfecho desse processo terá, muito provavelmente, repercussão sobre o funcionamento de nosso sistema constitucional. A natureza resiliente da Constituição favorece sua adaptação.

Diversos elementos parecem ter contribuído para a resiliência da Constituição de 1988, dentre as quais destaco a amplitude e o detalhamento do texto e a conjugação de um duplo patamar de rigidez constitucional, com a adoção de critérios hiper-rígidos para a proteção do cerne da Constituição — pelo artigo 60, § 4º — e de critérios bastante flexíveis para a alteração dos demais dispositivos.

A amplitude temática da Constituição de 1988, assim como o alto grau de detalhamento do texto, como explicam Elkins e Ginsburg, pode paradoxalmente contribuir para aumentar a sua expectativa de vida. É muito mais fácil para atores políticos chegarem a um consenso sobre a necessidade de alteração de um ponto específico inserido numa constituição detalhista do que negociarem os grandes princípios de uma constituição concisa. Sobre temas específicos, é possível estimar as consequências do que se pretende modificar. O mesmo não pode ser feito com a mudança de normas constitucionais mais amplas. Quando associamos detalhamento com flexibilidade para reformar a constituição, a tendência é que o texto constitucional esteja submetido a um constante processo de adaptação.

Muito embora a Constituição de 1988 seja muito extensa e detalhista, muitas de suas normas são incompletas, exigindo uma atuação intensa do legislador ordinário para que possam ser implementadas. O texto constitucional também inclui inúmeros princípios abstratos que reclamam a mediação do legislador para que possam exercer sua força normativa. A incompletude e abertura do texto impõem uma constante atuação do legislador para mediar a tensão entre princípios e complementar a vontade constitucional, além de exigirem uma ampla atuação do Judiciário, solucionando conflitos não resolvidos no decorrer do processo constituinte e alimentados pela luta de diversos setores da sociedade para implementar as ambiciosas e muitas vezes ambíguas metas constitucionais. Essa necessidade de contínua complementação permite que o sentido da Constituição seja constantemente atualizado pela legislação ordinária e mesmo por sentenças judiciais, sem a necessidade de alteração do texto constitucional.

A grande capacidade de adaptação formal da Constituição de 1988, no entanto, deriva do modelo de sistema de reforma adotado. Consciente da necessidade de constante adaptação de um texto tão amplo, o constituinte adotou um duplo patamar de rigidez para alteração de dispositivos da Constituição de 1988. A regra geral para a reforma da Constituição é bastante flexível. Basta que três quintos de deputados e senadores, em dois turnos de votação, estejam dispostos a alterar a Constituição para que ela possa ser modificada. Assim, coalizões minimamente consistentes não tiveram maiores dificuldades para alterar os dispositivos constitucionais — em especial de menor relevância e que tratam de tópicos muito específicos, tornando mais fácil calcular o que se perde e o que se ganha com a modificação. Essa flexibilidade encontra limites, no entanto, no sistema de proteção aos pilares fundamentais que organizam o edifício constitucional de 1988, estabelecido pelo artigo 60, § 4º. De acordo com esse dispositivo, não podem ser objeto de deliberação as propostas de emenda "tendentes a abolir" a forma federativa, o voto, a separação dos poderes e os direitos e as garantias individuais. Dessa forma, o bloco constitucional brasileiro encontra-se num patamar superior de proteção quando comparado aos demais dispositivos da Constituição. Não seria incorreto afirmar, portanto, que temos um bloco constitucional super-rígido, circundado por dispositivos constitucionais mais flexíveis. A facilidade em reformar esses dispositivos mais flexíveis do texto, assegurando a preservação dos princípios basilares da arquitetura constitucional, permitiu uma intensa atualização da Constituição sem que sua identidade fosse alterada.

Diversos outros fatores de natureza política e institucional também contribuíram para a resiliência da Constituição de 1988. A forte participação dos múltiplos setores da sociedade durante o processo de elaboração da Constituição, assim como a estratégia de incorporação de seus interesses ao texto, favoreceu um grau de lealdade constitucional desconhecido na história brasileira. A ideia de "Constituição Cidadã", formulada por Ulysses Guimarães, captura a natureza inclusiva do processo constituinte. Se associarmos a isso o forte corporativismo que permeou os trabalhos, teremos uma multiplicidade de atores engajados em assegurar a sobrevivência da Constituição, ainda que não em sua integralidade. Nesse sentido, temos um processo constituinte que nunca se encerrou, ao menos no que se refere às suas cláusulas periféricas. A incompletude do texto manteve os atores políticos em permanente disputa para determinar o sentido da Constituição, reforçando a sua centralidade como eixo ou agenda sob a qual a política se realizou. A flexibilidade textual, associada ao presidencialismo de coalizão, facilitou, ao menos nas duas primeiras décadas de vida da Constituição, a formação de coalizões supramajoritárias, permitindo que o texto fosse constantemente atualizado sem colocar em risco o seu cerne, protegido pelas cláusulas pétreas.

4. Supremocracia em crise

A Constituição de 1988 atribuiu ao Supremo Tribunal Federal um papel central no sistema político brasileiro. Nos últimos anos, raros foram os dias em que decisões do Supremo Tribunal Federal não se tornaram manchete dos principais jornais brasileiros, seja nos cadernos de política, economia, legislação, polícia, seja mesmo ciência, educação ou cultura. Todas as questões mais relevantes discutidas na sociedade brasileira parecem, mais dia menos dia, reclamar uma decisão do STF, tornando a sua presença uma constante na nossa vida pública.

Embora o Supremo tenha desempenhado posição relevante nos regimes constitucionais anteriores, com momentos de enorme fertilidade jurisprudencial e proeminência política, como na Primeira República, ou ainda de grande coragem moral, por exemplo, no início do período militar, não há como comparar a atual proeminência do Tribunal com a sua atuação passada.

A ideia de colocar uma corte no centro do sistema político brasileiro para tutelá-lo não é nova. Conforme lembra Leda Boechat Rodrigues,[1] o próprio Pedro II, no final de seu reinado, indagava se a solução para os impasses institucionais do Império não estaria na substituição do Poder Moderador por uma Corte Suprema, como a de Washington. Rui Barbosa, um dos principais arquitetos da primeira Constituição da República, ao escrever que "O Supremo Tribunal Federal está de vela, na cúpula, do Estado", parece ter concretizado essa pretensão de se substituir o poder moderador por um órgão judicial de cúpula. A história institucional da República, no entanto, seguiu rumos mais acidentados. O papel de árbitro último dos grandes conflitos institucionais, que no Império coube ao Poder Moderador, foi exercido na República, como reivindica Alfred Stepan,[2] pelo Exército. Durante o processo de transição para a democracia, o Supremo foi assumindo funções moderadoras, como ao decidir sobre a sucessão de Tancredo.[3] Foi apenas com a Constituição de 1988, no entanto, que o STF foi deslocado para o centro da arena política, assumindo paulatinamente um papel que transcende a função moderadora, que tenho chamado de supremocrático.[4]

Supremocracia é o poder sem precedentes conferido ao Supremo Tribunal Federal para dar a última palavra sobre as decisões tomadas pelos demais poderes em relação a um extenso elenco de temas políticos, econômicos, morais e sociais, inclusive quando essas decisões forem veiculadas por emendas à Constituição. A supremocracia é uma consequência da desconfiança na política e da hiperconstitucionalização da vida brasileira. Sua arquitetura está baseada na concentração de três funções jurisdicionais nas mãos de uma única corte, assim como na criação de canais de acesso direto aos atores políticos para provocar a jurisdição do Tribunal.[5] A supremocracia também tem sido favorecida pela sua ampla discricionariedade, decorrente da ausência de uma cultura consolidada de precedentes no país; da dificuldade do Tribunal de estabelecer standards interpretativos; assim como da indisposição do STF de se submeter apenas àquilo que foi pedido pelas partes.⁶ Importa destacar, por fim, o surgimento de diversas correntes do pensamento constitucional, no contexto da "terceira onda de democratização", preocupadas em maximizar a eficácia das novas constituições, que concedem uma maior amplitude à ação do Judiciário na interpretação e aplicação da Constituição.⁷

Por se tratar de um fenômeno de concentração de poderes na esfera judicial, em detrimento dos poderes representativos, a supremocracia evidentemente cria enormes dificuldades de justificação em face do conceito de democracia, que reivindica que as decisões fundamentais de uma polis devam estar submetidas à vontade da maioria dos cidadãos e não a um grupo não eleito de magistrados. A supremocracia, no entanto, não deve ser confundida com um fenômeno de usurpação de poder, pois decorre, em grande medida, da vontade constitucional. Isso não significa, no entanto, que no exercício de suas atribuições o Supremo, ou os seus ministros, não extrapole as suas funções, exercendo-as de forma abusiva ou usurpadora.

A expansão dos poderes do STF não é um fenômeno sem paralelo em outras partes do mundo, ainda que com graus distintos. Há hoje uma vasta literatura que busca compreender o fenômeno do avanço do direito em detrimento da política e, consequentemente, a ampliação da esfera de autoridade dos tribunais em relação a parlamentos e governos.⁸

Para alguns analistas, o fortalecimento da autoridade dos tribunais tem sido uma consequência imediata da expansão do sistema de mercado em plano global.⁹ Aos olhos de investidores, os tribunais constituiriam um meio mais confiável para garantir segurança jurídica, estabilidade e previsibilidade do que legisladores democráticos, premidos por demandas "populistas" e, de uma perspectiva econômica, necessariamente pouco eficientes. Daí vem o termo juristocracia, utilizado por Hirschl em referência à expansão dos poderes das cortes, e que inspira o termo supremocracia presente no título deste capítulo.¹⁰

Para uma segunda corrente, a ampliação do papel do direito e do Judiciário é uma decorrência da retração do sistema representativo e de sua incapacidade de cumprir as promessas de justiça e igualdade inerentes ao ideal democrático e incorporadas nas constituições contemporâneas.[11] Nesse momento recorre-se ao Judiciário como guardião último dos direitos fundamentais e ideais democráticos incorporados pela constituição, que pode gerar evidentemente uma situação paradoxal. Ao buscar responder às reivindicações não supridas pelo sistema político, o Judiciário não apenas fragiliza a autoridade de governos e parlamentos como atrai para si a crise não resolvida pelo sistema representativo, ampliando ainda mais a desconfiança no sistema como um todo.

Para muitos constitucionalistas, o deslocamento da autoridade do sistema representativo para o Judiciário é sobretudo uma consequência do avanço das constituições dotadas de sistemas de controle de constitucionalidade, que tiveram origem nos Estados Unidos. Logo, não se trata de algo recente. Esse processo de expansão da autoridade judicial, contudo, torna-se mais agudo com a adoção de constituições cada vez mais ambiciosas da perspectiva da transformação social. Ao contrário das constituições liberais, que estabeleciam poucos direitos e privilegiavam o desenho de instituições políticas voltadas a permitir que cada geração pudesse fazer as suas próprias escolhas substantivas por intermédio da lei e de políticas públicas, muitas constituições contemporâneas buscam dirigir a atuação do legislador e do administrador, transferindo ao Judiciário a responsabilidade de controlar a atuação dos poderes representativos.[12]

A hipótese fundamental deste capítulo, que não elimina as anteriores, é que a desconfiança na democracia que estava sendo construída em 1988, assim como as incertezas decorrentes da adoção de um texto constitucional tão ambicioso, levou os constituintes a uma dupla estratégia de proteção. De um lado, buscaram entrincheirar na Constituição o máximo de direitos, interesses, competências institucionais, privilégios corporativos e direitos, de forma a dificultar que maiorias futuras pudessem se contrapor a esses interesses. De outro lado, atribuíram amplos poderes ao Supremo Tribunal Federal para bloquear decisões futuras do sistema representativo que viessem a ameaçar esses mesmos interesses, privilégios ou direitos, ainda que por intermédio de emendas à Constituição; para julgar as principais autoridades, entre as quais os próprios os membros do parlamento; e para resolver os conflitos entre os poderes.

Num contexto político muito conflitivo, fragmentado e de desconfiança recíproca, no qual se estava fortalecendo a independência das agências de aplicação da lei, criando uma nova variável na política brasileira, também era prudente fortalecer o Supremo como instância capaz de estabilizar minimamente as expectativas e modular a implementação da nova Constituição. O STF, por sua trajetória histórica, assim como pela natureza de sua composição, foi depositário dessa função de guardião moderador do pacto de 1988. Ao Tribunal foram atribuídos poderes tanto para controlar a ação das maiorias políticas circunstanciais como para delimitar e modular a nova forma de funcionar dos demais poderes, inclusive do Ministério Público. O Supremo tornou-se assim uma espécie de seguro contra as incertezas trazidas pelo novo contexto constitucional.[13]

A conjugação da função de guarda de uma Constituição tão ambiciosa e detalhista com um extenso rol de atribuições conferiu ao Supremo uma nova posição institucional. Nesse contexto, o STF tem sido convocado a emitir a última palavra sobre inúmeras questões de natureza política, moral, econômica e social — ora validando e legitimando uma decisão dos órgãos representativos, outras vezes substituindo as escolhas majoritárias. Embora essa seja uma atribuição comum a outros tribunais constitucionais ao redor do mundo, a distinção do caso brasileiro é de escala e de natureza. De escala pela quantidade de temas que no Brasil têm status constitucional e são reconhecidos pela doutrina como passíveis de judicialização. De natureza pelo fato de não haver nenhum obstáculo para que o Supremo aprecie atos produzidos pelo sistema representativo, inclusive pelo próprio poder constituinte reformador. Assim, suas decisões não podem, em tese, ser derrubadas pelo parlamento, como na maioria das democracias constitucionais. Assim sendo, o Supremo exerce o controle tanto sobre a política ordinária, analisando a constitucionalidade de leis e atos do Executivo, como sobre a política constitucional. Talvez as supremas cortes indiana e colombiana sejam as únicas que partilhem o status supremocrático assumido pelo STF no Brasil a partir de 1988.

CAMINHO INSTITUCIONAL RUMO À SUPREMOCRACIA

Múltiplas foram as escolhas institucionais que levaram a essa exacerbada concentração de poderes nas mãos do STF. A primeira dessas escolhas diz respeito à própria natureza ambiciosa da Constituição de 1988, que, segundo Seabra Fagundes, corretamente desconfiada do legislador, pode deliberar sobre tudo. Assim, a Constituição transcendeu os temas propriamente constitucionais e regulamentou pormenorizada e obsessivamente um amplo campo das relações sociais, econômicas e públicas, numa espécie de compromisso maximizador.[14] Esse processo, chamado por muitos colegas de constitucionalização do direito,[15] criou no entanto uma enorme esfera de tensão constitucional e por consequência gerou uma explosão da litigiosidade constitucional. A equação é simples: se tudo é matéria constitucional, o campo de discricionariedade atribuído ao corpo político para tomar decisões políticas relevantes foi reduzido.

A segunda escolha institucional que pode nos ajudar a compreender a expansão de autoridade do Supremo refere-se à sobreposição das funções atribuídas ao Tribunal. Ao STF foram atribuídas funções que na maioria das democracias contemporâneas estão divididas em pelo menos três tipos de instituições: tribunais constitucionais, tribunais de recursos e tribunais de primeira e última instâncias em casos envolvendo altas autoridades.

Na função de tribunal constitucional, o Supremo tem por obrigação julgar por via de ação direta a constitucionalidade de leis e atos normativos produzidos em âmbito tanto federal como estadual. Deve-se destacar, no caso brasileiro, a competência para apreciar a constitucionalidade de emendas, quando ameaçarem a integridade do amplo rol de cláusulas pétreas estabelecido por força do artigo 60, § 4º da Constituição. Tal atribuição conferiu ao Supremo a autoridade para emitir a última palavra sobre temas constitucionais em nosso sistema político, reduzindo a possibilidade de que o Tribunal venha a ser circundado pelo Congresso Nacional, caso este discorde de um dos seus julgados, como acontece em muitos países. Também foi atribuída ao Tribunal a competência para julgar as omissões inconstitucionais do legislador e do Executivo, e, por meio do mandado de injunção, assegurar a imediata e direta implementação de direitos fundamentais.

A Constituição de 1988 conferiu também ao Supremo a espinhosa missão de foro especializado. Em primeiro lugar, cumpre-lhe julgar criminalmente altas autoridades. Em consequência da excêntrica taxa de criminalidade no escalão superior de nossa República, o Supremo passou a agir como juízo de primeira instância criminal, como vimos no caso do mensalão e agora estamos testemunhando na Operação Lava Jato. O Tribunal não está equipado para analisar em pormenores os fatos e, mesmo que ampliasse sua capacidade institucional para fazê-lo, seu escasso tempo seria consumido em intermináveis instruções criminais, desviando-o de suas responsabilidades mais propriamente constitucionais. O resultado tem sido a impunidade, quando não a seletividade, de sua jurisdição criminal. A partir do julgamento da ação penal 470, o mensalão, o Supremo experimentou o enorme poder que essa atribuição, até então dormente, lhe conferia, assim como os pesados custos da superexposição e da tensão política decorrente do julgamento de altas autoridades.

Como foro especializado, o Supremo também recebeu a função de apreciar originariamente atos secundários do Congresso ou do Executivo, muitas vezes ligados à governança interna desses dois poderes. Na maioria das vezes, o STF é instado a resolver tais contendas em caráter emergencial, e o faz por intermédio de uma decisão monocrática. O Supremo serve, nessas circunstâncias, como um tribunal arbitral de causas políticas. Absorve, assim, os conflitos internos do parlamento. Desconheço outro tribunal supremo do mundo que faça plantão judiciário para solucionar quizílias que os parlamentares não são capazes de resolver por si mesmos. O mesmo acontece em relação à impugnação, por via de mandado de segurança, de atos do presidente da República, como dar posse a um ministro de Estado.

A sua competência de foro especial confere ao Supremo um enorme poder sobre todo o Congresso Nacional e o governo, mas por outro lado tem lhe imposto despender um boa parte de seu capital reputacional por excesso de envolvimento em questões controvertidas, que poderiam — e deveriam — ser resolvidas em outros âmbitos.[16]

A terceira função jurisdicional acumulada pelo STF é de tribunal de recursos de última instância judicial, revisando centenas de milhares de casos resolvidos pelos tribunais inferiores todos os anos, o que se explica pela coexistência de um sistema difuso de controle de constitucionalidade e um sistema concentrado de controle de constitucionalidade. Na ausência de uma cultura jurídica que valorize o caráter vinculante das decisões judiciais, inclusive aquelas proferidas por tribunais superiores, o Supremo passou a ser um fiscal da implementação de suas próprias decisões. De 1988 para cá, foram mais de 1 milhão de recursos extraordinários e agravos de instrumento apreciados por onze juízes — isso sem falar nos milhares de habeas corpus, muitos deles com arriscada supressão de instâncias, que chegam ao Tribunal todos os dias. Mais do que desumano com os ministros, é absolutamente irracional fazer com que milhões de jurisdicionados fiquem aguardando uma decisão do STF. É importante destacar que essa aparente disfuncionalidade beneficia litigantes reiterados, que sabem alongar o tempo de duração de seus processos para adiar o cumprimento de suas obrigações. As diferentes instâncias de governo, assim como as empresas prestadoras de serviços públicos, além do setor bancário, são os principais clientes desse sistema.

O fato de as tabelas encontradas na página do Supremo na internet demonstrarem que o Tribunal julga cerca de 70 mil casos por ano não significa que o STF efetivamente aprecie tantos casos. Como demonstrou Marcos Paulo Verissimo já em 2008,[17] as decisões tomadas em plenário não chegam a 0,5% dos casos resolvidos pelo Tribunal, número que vem sendo confirmado pelo projeto Supremo em Números da FGV Direito Rio.[18] A imensa maioria dos casos, portanto, refere-se a decisões monocráticas, em que o "relator tem poderes conferidos pela lei para julgar o mérito ou as condições de admissibilidade da ação ou do recurso, ordinário ou extraordinário".[19]

Isso gera dois problemas gravíssimos. O primeiro se refere ao fato de que, na imensa maioria dos casos, a jurisdição do Supremo é exercida apenas por um de seus membros. Em segundo lugar, ao fato de que a agenda do colegiado é, na prática, definida a partir daquilo que os seus membros decidem que não julgarão monocraticamente. E, em política, o controle sobre a agenda temática, bem como sobre a agenda temporal, tem um enorme significado. Esse poder e os critérios para a sua utilização, como não são expressos, fogem a possíveis tentativas de compreensão, quanto mais de controle público sobre a atividade do Tribunal. Tem-se, assim, uma perigosa seletividade em relação ao que entra na pauta do STF e o que fica eternamente aguardando julgamento.[20]

A emenda constitucional nº 45, de 2004, buscou corrigir alguns desses problemas, inserindo no nosso sistema a ideia de arguição de repercussão geral, segundo a qual o Supremo deveria apenas receber os recursos que tivessem maior impacto sobre a coletividade, podendo assim exercer certa discricionariedade sobre o que irá ou não julgar a cada ano.[21] Também instituiu as súmulas vinculantes, que reforçam a sua autoridade, permitindo que questões recorrentes, sobre as quais haja consenso entre os ministros, possam ser sumuladas, passando a vincular as demais instâncias judiciais e administrativas.[22] Essa reforma foi uma reação à enorme fragmentação do nosso sistema de controle de constitucionalidade. A arguição de repercussão geral e a súmula vinculante, voltadas para ampliar a autoridade das decisões do Supremo, não vêm funcionando a contento pela resistência dos ministros de abrir mão de seus poderes monocráticos em benefício do colegiado.

A politização da jurisdição do STF também é uma consequência direta da expansão do acesso ao Tribunal em relação ao período constitucional anterior. Ao autorizar novos atores políticos relevantes, como partidos e governadores, a propor diversas ações constitucionais — conforme disposto pelo artigo 103 da Constituição Federal —, o Supremo se transformou em muitas circunstâncias numa espécie de câmara de revisão de decisões majoritárias a partir da reclamação daqueles que foram derrotados na arena representativa. Nesse aspecto, é curioso notar que o partido político que mais levou casos ao Supremo no governo do ex-presidente Fernando Henrique Cardoso foi o PT; na gestão dos ex-presidentes Luiz Inácio Lula da Silva e Dilma Rousseff, o DEM passou a ocupar a primeira posição entre os usuários do Tribunal, seguido de perto pelo PSDB. Da mesma forma, os governadores de estado têm sido muito ativos no emprego do Supremo como uma segunda instância política, em que buscam bloquear medidas aprovadas pelos seus antecessores, pelas respectivas Assembleias Legislativas estaduais, ou ainda a legislação federal que lhes atinja os interesses.

Outro fato de extrema importância no fortalecimento da jurisdição do tribunal como arena de embate político foi o estabelecimento da possibilidade de organizações da sociedade civil e outros grupos interporem *amici curiae*[23] em casos de interesses supraindividuais. Com isso, novas vozes passaram a ecoar no Tribunal, aumentando seu caráter pluralista, bem como sua voltagem política, como palco de solução de conflitos anteriormente mediados pelo corpo político. Somadas a isso, surgiram as audiências públicas em casos de grande relevância, que trazem ao STF especialistas, militantes e acadêmicos que não se reportam ao Tribunal em termos necessariamente jurídicos, mas sim técnico-políticos, agregando uma enorme quantidade de argumentos consequencialistas ao processo decisório da corte. Os casos das células-tronco, da ação afirmativa, da distribuição de medicamentos e dos anencefálicos são uma demonstração do potencial politizador desse mecanismo. Essas novas formas de acesso certamente ampliaram o papel do Supremo, expondo o exercício de sua autoridade jurisdicional a um escrutínio não apenas jurídico, mas agora também político.

A hiperconstitucionalização, somada à sobreposição de atribuições e à ampliação do acesso ao Tribunal, levou a uma explosão da litigiosidade constitucional. Qualquer movimento mais brusco dos administradores ou dos legisladores gera necessaria-

AÇÕES DIRETAS DE INCONSTITUCIONALIDADE AJUIZADAS POR PARTIDOS POLÍTICOS ENTRE 1988 E 2016[24]

	Sarney (1988-1989)	Collor (1990-1992)	Itamar (1993-1994)	FHC (1995-2002)	Lula (2003-2010)	Dilma (2011-2016)	Temer (2016)	Total
PT	3	26	12	140	5	4	1	191
PDT	3	21	10	51	28	3	2	118
PSL				68	12	9	1	90
PFL/DEM			1	4	51	9	1	66
PSDB	1	5	1	2	48	8		65
PSB		19	5	13	2	4	3	46
PCdoB	1	2	1	34	4	1	1	44
PCB/PPS	1		1	8	12	9	2	33
PHS				25	7		1	33
PL	1			24	6			31
Solidariedade						23	7	30
PMDB		5	2	16	5	1		29
PTB				11	16	1		28
PSOL					10	10	6	26
PPB/PP				10	8	2	2	22
PV			1	1	10		1	13
PSC		1	2	1	7	2		13
PMN				8	2	2		12
Outros (menos de 10 ADIs ajuizadas)	1	10	7	13	9	12	9	61
TOTAL GERAL	11	89	43	429	242	100	37	951

Fonte: Tabela elaborada por Ana Laura Barbosa, pesquisadora do Supremo em Pauta, FGV Direito SP, a partir de banco de dados de Jeferson Mariano Silva, Jurisdição constitucional no Brasil (1988-2016). Harvard Dataverse, 2017, e de informações do TSE.[25]

mente um incidente de inconstitucionalidade, que, por regra, deságua no Supremo. Os dados são eloquentes.

Em 1940 o Supremo recebeu 2419 processos, número que chegou a 6367 em 1970. Com a adoção da Constituição de 1988, saltamos para 18 564 processos recebidos em 1990, 105 307 em 2000 e 160 453 em 2002, ano em que o Supremo recebeu o maior número de processos em toda a sua história. Após a reforma do Judiciário — levada a cabo pela emenda nº 45, de 2004, que criou as ferramentas da repercussão geral e da súmula vinculante —, esse número começa a declinar. Em 2011 o STF recebeu "apenas" 64 018 ações. A partir daí o número voltou a crescer, atingindo 96 235 casos em 2017. Esse grande volume de ações é resultante imediato da ampliação de temas entrincheirados na Constituição, do excesso de competências do Supremo, mas também de um defeito congênito do sistema recursal brasileiro, que, mesmo depois da emenda nº 45, não foi capaz de racionalizar o acesso ao Tribunal.

PROCESSOS RECEBIDOS PELO
SUPREMO TRIBUNAL FEDERAL POR ANO

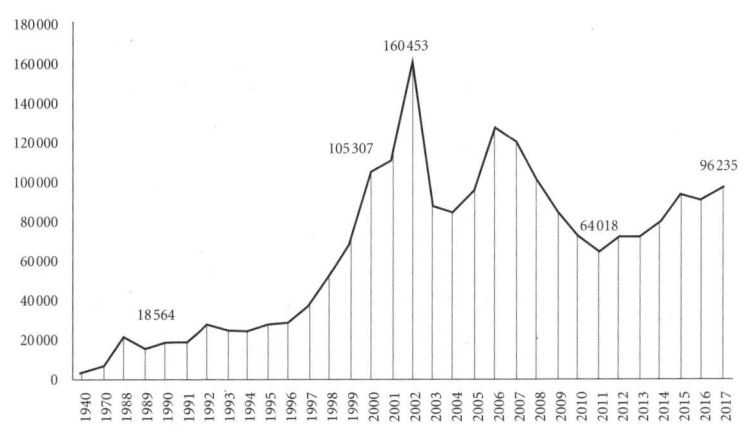

Fonte: Gráfico produzido por Ana Laura Barbosa, pesquisadora do Supremo em Pauta, FGV Direito SP, a partir de dados do próprio Supremo Tribunal Federal (movimentação processual) e de Carlos Mário Velloso (dados de 1940 a 1970).[26]

POSTURA INSTITUCIONAL

Além das alterações de natureza institucional e normativa, que redundaram no fortalecimento do papel do STF no sistema político brasileiro, é necessário levar em consideração o papel da própria cultura jurídico-constitucional na definição da postura assumida pelo Supremo. Os órgãos de aplicação de lei atuam, ou ao menos deveriam atuar, dentro de parâmetros estabelecidos pela cultura jurídica. O trabalho de racionalização dos conceitos jurídicos, de sistematização de regras e princípios, levado a cabo pela doutrina jurídica, oferece parâmetros a partir dos quais se pode julgar a correção de decisões jurídicas quanto à adequação da conduta mais ou menos ativa das instituições de aplicação da lei. Em síntese, a postura institucional assumida pelos diferentes sistemas de justiça deveria ser uma resultante de pelo menos três elementos: ambição normativa, atribuições conferidas ao Judiciário e parâmetros estabelecidos pela cultura judiciária.

Duas podem ser as posturas institucionais essenciais do Judiciário na determinação dos conteúdos das normas constitucionais: deferência e responsividade. A essas posturas clássicas correspondem duas formas correlatas de comportamento judicial degenerado: omissão e usurpação. Entre esses quatro tipos ideais de comportamento há uma zona de penumbra, que confere enorme discricionariedade aos tribunais constitucionais.

Por deferência, em sentido mais estrito, entende-se a postura institucional pela qual os tribunais demonstram um alto grau de respeito pela decisão do legislador que definiu o conteúdo de um direito ou regulamentou o seu exercício ao complementar ou regular a constituição. Trata-se de uma postura institucional fundada numa concepção doutrinária robusta de democracia majoritária, em que impera uma rígida separação de poderes, na qual cumpre ao Judiciário demonstrar o maior acatamento possível às decisões dos órgãos representativos. Isso porque, além de representarem a vontade da população, os poderes Legislativo e Executivo podem ser sancionados por essa mesma população, o que não ocorre com o Judiciário. A deferência é, portanto, uma postura de acatamento ou respeito a priori à vontade dos representantes da maioria.

Num sistema jurídico dotado de uma constituição rígida, em que instituições judiciais são autorizadas a realizar o controle de constitucionalidade das leis e outros atos normativos, não se pode falar em deferência em sentido absoluto. Se a deferência ao legislador ordinário fosse absoluta, não estaríamos nos referindo a uma democracia constitucional, e sim a um regime puramente majoritário. Também não seria um regime que trata os direitos fundamentais como uma categoria especial de status superior graças ao seu reconhecimento e proteção pela constituição, e sim como direitos ordinários.

A deferência não deve ser confundida com a omissão, que significa a incapacidade de cumprir com a obrigação fundamental de "guardar a constituição". Essa postura omissiva pode ser uma decorrência de falta de autoridade, integridade, tradição ou autonomia do campo jurídico diante da esfera política, mas sempre indicará que o Judiciário está deixando de cumprir uma obrigação que lhe foi claramente conferida pela constituição.

A responsividade, por sua vez, está associada à ideia de que o Judiciário deve estar ativamente envolvido em prover respostas para que a constituição e os direitos fundamentais, em especial, sejam efetivados na maior extensão possível. A proposição de que o Judiciário deva ter uma postura institucional mais responsiva deriva do desenho da constituição, em associação com a existência de doutrinas jurídicas que legitimem essa posição.

A responsividade não deve ser confundida com usurpação, em que o Judiciário avança, sem a devida justificativa normativa, sobre as funções de outros poderes, e não com a finalidade de emitir um juízo normativo sobre a validade de determinados atos e normas em relação à constituição, mas com o objetivo de substituir decisões políticas ou técnicas tomadas pelos demais poderes por seus próprios juízos técnicos ou políticos. Daí a percepção de que o ativismo, quando exercido de forma extremada, consiste numa verdadeira usurpação de competência por parte do Judiciário.[27]

Tanto a deferência como a responsividade são posturas judiciais legítimas. A prevalência de uma ou outra deveria estar associada ao modo como o constituinte atribuiu competência aos órgãos de justiça, desenhou as diversas normas que compõem a constituição, assim como à existência de doutrinas jurídico-políticas que legitimem numa determinada comunidade cada uma dessas posturas. A omissão e a usurpação, por sua vez, são posturas degeneradas, por se distanciarem daquilo que determina a norma constitucional, assim como os padrões doutrinários dominantes num determinado contexto. São posturas marcadas por um baixo grau de congruência entre aquilo que estabelece a norma e o que é de fato decidido pelos magistrados. O quadro a seguir busca expressar graficamente a relação entre congruência jurídica e atribuições funcionais na determinação da postura institucional das cortes de natureza constitucional. O eixo vertical representa uma atuação mais ou menos congruente do tribunal na interpretação e aplicação das normas. O eixo horizontal representa uma maior ou menor proeminência do tribunal no exercício de suas funções.

Como instituições criadas para dirimir conflitos a partir de normas preestabelecidas, a legitimidade da justiça está diretamente associada à sua capacidade de decidir de forma congruente com o direito. Quanto mais congruente melhor. Por outro lado, a justiça recebe atribuições funcionais mais ou menos amplas.

Essa é uma decisão política feita pela constituição, que determina se a justiça deve ser mais ou menos proeminente dentro de um sistema constitucional.

POSTURAS INSTITUCIONAIS

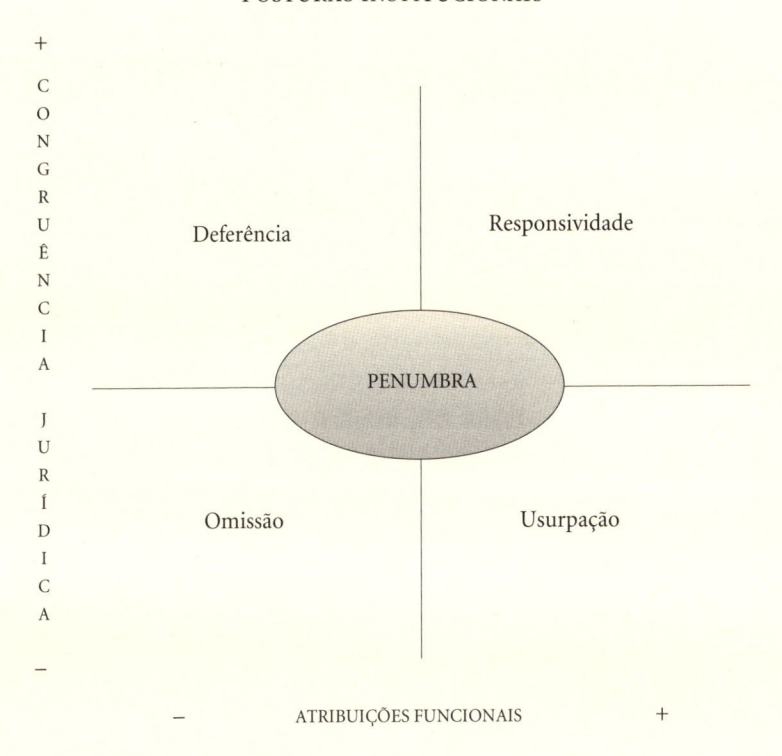

+ CONGRUÊNCIA / JURÍDICA −

Deferência | Responsividade

PENUMBRA

Omissão | Usurpação

− ATRIBUIÇÕES FUNCIONAIS +

Ao criar uma constituição tão ambiciosa, com uma carta de direitos tão ampla; ao estabelecer que os direitos fundamentais têm aplicação imediata; ao estabelecer inúmeros remédios para lhe assegurar a eficácia, inclusive contra a omissão dos demais poderes; ao estabelecer que uma lei não poderá excluir da apreciação do Judiciário nenhuma lesão ou ameaça a direito; e ao impedir que os direitos possam ser abolidos, mesmo por emendas; por tudo isso, não resta dúvida de que o constituinte conferiu ao

Judiciário, a começar pelo STF, o dever de assumir uma postura responsiva, ao menos no que se refere à proteção dos direitos fundamentais. Ao Supremo foi atribuída a função, em última instância, de resolver problemas decorrentes da falta de clareza do conteúdo das normas constitucionais, assim como arbitrar a eventual tensão existente entre essas normas, inclusive colaborando na construção de alternativas para a solução de problemas relacionados à sua efetividade.

Se o espaço primário para a definição do conteúdo jurídico de normas abertas da constituição, entre as quais os direitos fundamentais, foi atribuído ao legislador, assim como a promoção de políticas públicas incumbe ao Poder Executivo, ao Judiciário cumprirá aferir se essas respostas são válidas em face das normas constitucionais. Somente lhe cabe o juízo de validade, inclusive em relação à omissão dos outros poderes. Ser responsivo, portanto, não pode ser decorrência de uma postura voluntarista de uma corte, mas sim de uma decisão institucional à qual está submetida. E, assim como a deferência, a responsividade tem limites, que quando ultrapassados transforma-se em usurpação.

O fato de a Constituição de 1988 determinar que o Judiciário deve manter uma postura institucional mais responsiva na proteção dos direitos fundamentais não significa que o mesmo grau de responsividade deva se impor nas demais áreas reguladas pelo texto constitucional. A definição das circunstâncias em que o STF deve se comportar de uma ou outra maneira e as nuances desse comportamento exigem a construção de padrões racionais para a tomada de decisões.

Esses padrões devem ser elaborados pelos tribunais, em forte diálogo com a academia, por intermédio de seus precedentes. O estabelecimento de padrões racionais e consistentes é indispensável para que a sociedade (e a comunidade jurídica) possa estabilizar suas expectativas em relação ao comportamento do Judiciário, assim como para o próprio controle social da atuação do Judiciário. O STF tem tido muita dificuldade de estabelecer padrões claros e consistentes que possam estabilizar sua jurisprudência.

O EXERCÍCIO DA SUPREMOCRACIA

O STF não respondeu imediatamente aos incentivos institucionais que lhe foram dados pela Constituição de 1988. Diferentemente dos processos de redemocratização ocorridos na Alemanha, Itália, Índia, Portugal, Espanha, Hungria ou África do Sul, onde a adoção de novas constituições foi acompanhada pela criação de cortes constitucionais também novas, no Brasil não só o Supremo foi mantido como órgão de cúpula do sistema constitucional como sua composição ficou intocada. Esse fato pode ajudar a compreender por que o Tribunal demorou mais tempo do que outras cortes para assumir uma postura mais ativa e proeminente para a qual o sistema constitucional o convidava.

Examinando essas três décadas, não seria incorreto afirmar que o STF partiu de uma postura mais omissa, passando para um comportamento deferente, avançando para uma postura mais responsiva. Ao longo desse período, especialmente a partir da crise política que se instaurou a partir de 2013, o Supremo também tomou decisões que poderiam ser consideradas usurpadoras.

PERÍODO COLLOR

A atuação do Supremo no governo Collor foi marcada pelo grande desafio de analisar a legalidade das inúmeras medidas econômicas implementadas de maneira temerária pelo governo, assim como de supervisionar nosso primeiro processo de impeachment.

Uma postura inicialmente omissa e reticente em relação ao potencial transformador inserido na Constituição de 1988 pode ser observada no julgamento do mandado de injunção n.º 107, que teve como relator o ministro José Carlos Moreira Alves. O mandado de injunção foi um remédio inovador concebido pelo constituinte com o objetivo de suprir norma regulamentadora que "torne inviável o exercício dos direitos e liberdades constitucionais" (artigo 5, LXXI).[28] Ironicamente, o próprio dispositivo da Constituição que instituiu o mandado de injunção dependia de lei que estipulasse seu procedimento e, principalmente, objeto e alcance, a qual tardava em ser editada. O parecer oferecido pela Procuradoria-Geral da República, escrito pelo subprocurador-geral Inocêncio Martins Coelho, propunha que, enquanto o próprio mandado de injunção não fosse regulamentado, não poderia ser utilizado. Essa posição neutralizava por completo um instrumento processual voltado a assegurar a eficácia dos direitos fundamentais quando houvesse omissão do legislador, e foi rechaçada pela unanimidade dos ministros do Tribunal.[29] Mesmo assim, a solução proposta pelo ministro Moreira Alves, de que o efeito do julgamento seria apenas informar o Legislativo de sua mora (omissão), sem mais nada poder fazer, reduziu imensamente a eficácia do instrumento.[30] O próprio ministro Moreira Alves teria dito, numa conferência na Faculdade de Direito da Universidade de São Paulo, anos depois, que seu objetivo era de fato "matar o mandado de injunção". Essa postura originalmente omissiva em relação ao mandado de injunção evoluiria ao longo das décadas até chegarmos à situação em que o Supremo não se vê constrangido a adotar uma norma regulamentadora do direito para suprir a ausência de edição de lei específica, como ocorreu no caso do direito de greve dos funcionários públicos (MI 670-9-ES, julgado em 2007).[31]

A principal omissão do Supremo nesse período se deu, no entanto, com o julgamento da medida provisória n.º 151 e suas sucessivas reedições, que entre outras coisas congelava os ativos financeiros de pessoas físicas e jurídicas a partir de um determinado montante com o objetivo de reduzir a moeda circulante na economia e com isso conseguir a redução da hiperinflação — principal instrumento do chamado Plano Collor. A medida provisória, posteriormente convertida na lei nº 8029/90, teve a sua constitucionalidade questionada pelo PDT junto ao Supremo. O Tribunal, por oito votos a três, decidiu pela não concessão da liminar. Para os ministros Paulo Brossard, José Néri da Silveira e Celso de Mello, o Plano Collor afrontava diretamente o direito à propriedade, por impedir que os correntistas acessassem seus próprios recursos financeiros. Os demais ministros, no entanto, preferiram uma postura omissiva, alegando que uma eventual invalidação do plano poderia resultar em enormes transtornos financeiros e no retorno da hiperinflação.

A postura do Supremo começou a ser alterada para os padrões atuais, ainda que timidamente, quando o Tribunal declarou a inconstitucionalidade da reedição de medidas provisórias expressamente rejeitadas pelo Congresso Nacional, pondo pela primeira vez limites à atuação de Collor. De acordo com o regime das medidas provisórias estabelecido originalmente pela Constituição de 1988, em situações de relevância e urgência, o presidente poderia editar medidas provisórias, que entrariam em vigor de forma imediata, devendo ser submetidas ao Congresso, que teria de aprová-las ou rejeitá-las no prazo de trinta dias. Caso o Congresso sequer as analisasse nesse período, elas também perderiam sua eficácia. Desde o governo Sarney, no entanto, foi se estabelecendo a prática de que, não havendo o Congresso Nacional apreciado uma medida provisória, prevalecendo a relevância e urgência, o presidente poderia reeditá-la. Fernando Collor, no entanto, foi além. Começou a reeditar medidas provisórias expressamente rejeitadas pelo parlamento, introduzindo apenas pequenas modificações formais para tentar driblar a decisão do Congresso Nacional. Com isso, passou a governar à margem de qualquer controle por parte do Legislativo. A decisão de invalidar a medida provisória 190, que apenas reeditava o conteúdo da medida provisória 185, expressamente rejeitada pelo Congresso Nacional, foi a primeira manifestação clara de restrição ao poder de Collor imposta pelo STF. Cumpre destacar que a decisão da ADI 239-7, relatada pelo ministro Celso de Mello e considerada histórica pelo ministro Sepúlveda Pertence, não impedia que o presidente da República reeditasse medidas provisórias que tivessem perdido sua validade por não terem sido apreciadas pelo Congresso Nacional. Apenas quando houvessem sido expressamente derrubadas, o presidente seria impedido de reeditá-las.

Um caso ainda mais curioso, mas muito representativo desse período de timidez e ambiguidade do Supremo no exercício de sua função de guarda da Constituição, deu-se com o julgamento da ADI 223-6, também interposta pelo PDT, questionando a constitucionalidade da medida provisória 173.[32] O bloqueio criou um caos econômico, pois pessoas e empresas não tinham como quitar suas dívidas, pagar funcionários ou adquirir bens. O resultado foi uma avalanche de ações judiciais com o objetivo de desbloquear o acesso das pessoas e empresas aos seus recursos. Em reação ao grande número de ações judiciais reivindicando o desbloqueio que vinham sendo concedidas por juízes e tribunais de primeira instância, o governo decidiu editar uma medida provisória restringindo a concessão de medidas liminares e cautelares contra o Plano Collor. O ministro Paulo Brossard, relator da ação, alertou o Tribunal para a gravidade do caso, indagando: "a Constituição ontem promulgada solenemente [...] está em vigor e a todos obriga ou é mero ornamento, a ser observada *si et in quantum*, conforme as conveniências e oportunidades?". O seu contundente voto, demonstrando que a medida violava frontalmente o direito de acesso à Justiça (artigo 5, XXXV), não foi capaz de convencer a maioria de seus colegas de Tribunal, que mais uma vez expressaram o temor com as eventuais consequências de sua decisão. Prevaleceu, então, uma engenhosa e compromissária posição apresentada pelo ministro Sepúlveda Pertence. Para o ministro, muito embora a restrição do acesso a liminares não pudesse ser considerada inconstitucional em abstrato, poderia sê-lo em casos concretos, em que juízes de primeira instância entendessem que a não concessão de uma medida acauteladora poderia colocar em risco os direitos fundamentais que se pretendia defender pela tutela do Judiciário. Dessa forma, o Supremo não afrontou diretamente o governo, mas permitiu que milhares de liminares e cautelares fossem concedidas por juízes de primeira instância. Esse caso deixou claro que a convivência entre o controle difuso da constitucionalidade, exercido por todos os juízes brasileiros, e o controle concentrado, de competência exclusiva do STF, não seria tão harmônica como se poderia imaginar. O que se viu nesse período do governo Collor foi uma rebelião do "baixo clero" judicial que fulminou o plano econômico, ainda que não houvesse sido declarado inconstitucional pelo Supremo. De toda forma, a solução apresentada pelo ministro Pertence foi um passo relevante para conter os arroubos autoritários de Collor.

 O agravamento da crise econômica, associado a diversas denúncias de corrupção contra o presidente da República e seus assessores mais próximos, abriu espaço para que a Associação Brasileira de Imprensa e a Ordem dos Advogados do Brasil, representadas respectivamente por Barbosa Lima Sobrinho e Marcelo Lavanère Machado, protocolassem um pedido de impeachment contra Fernando Collor de Mello. Recebida a denúncia, o presidente da Câmara dos Deputados, Ibsen Pinheiro, se deparou com o primeiro obstáculo. A lei nº 1079/50, elaborada sob a vigência da Constituição de 1946, não havia sido adaptada aos dispositivos relativos ao processo de impeachment estabelecidos pela Constituição de 1988. A principal dificuldade referia-se ao fato de que o afastamento do presidente da República ocorreria, de acordo com a Constituição de 1946, após a votação por dois terços na Câmara dos Deputados. De acordo com a Constituição de 1988, o afastamento apenas ocorreria depois do recebimento da denúncia pelo Senado Federal. Em face dessa e de outras dificuldades, como os prazos de defesa e a forma de votação, o presidente da Câmara dos Deputados decidiu criar um novo procedimento para o impeachment — a partir da fusão de regras constitucionais, regimentais e da própria lei de 1950 —, que ficou conhecido como "Lei Ibsen". Isso abriu o flanco da Câmara dos Deputados para que o processo do impeachment pudesse ser atacado pelos advogados do presidente junto ao Supremo.

Para o ministro Paulo Brossard, o STF não deveria nem ao menos conhecer o mandado de segurança interposto pelo presidente da República, ou seja, o Tribunal sequer deveria se dispor a discutir a questão do impeachment. Para ele, a responsabilidade de resolver o impeachment havia sido conferida exclusivamente ao Congresso Nacional, não havendo qualquer papel a ser cumprido pelo Supremo Tribunal Federal. De maneira irônica e saborosa, numa das passagens mais representativas de uma postura judicial deferente, pergunta:

> Por que o Judiciário não interfere em processo de impeachment? Por tratar-se de questão exclusivamente política? Seguramente não. Por cuidar-se de questão *interna corporis*? Também não. Mas por estar em face de uma jurisdição extraordinária que a Constituição dele retirou, expressamente, para conferi-la, explicitamente, ao Congresso Nacional. Na área, pela Constituição, reservada ao Congresso pode ocorrer erro, abuso ou excesso? É claro que pode. [...] Em verdade, nenhum poder tem o monopólio do saber e da virtude; os poderes acertam e erram. Acertam mais do que erram, felizmente, mas também erram. É da natureza humana. E o que decide em último lugar erra ou acerta. Irremediavelmente,

sem recurso a quem quer que seja. [...] Nem os homens, nem as suas instituições, são perfeitos e infalíveis.³³

A demanda do ministro por um comportamento absolutamente deferente ao Congresso Nacional foi rechaçada por todos os seus colegas do Tribunal. Para a maioria do Supremo, no entanto, a intervenção no processo do impeachment deveria se limitar ao controle do devido processo legal, zelando para que fosse assegurado ao presidente Collor o direito de ampla defesa. Para a unanimidade dos ministros, o julgamento do mérito ficaria com o Congresso Nacional. Foi assim que o STF, no primeiro julgamento televisionado de sua história, concedeu parcialmente o mandado de segurança interposto por Collor, determinando ajustes no procedimento adotado pelo presidente da Câmara dos Deputados, de forma a que o processo corresse de acordo com a Constituição de 1988.

O resultado do processo de impeachment foi a condenação de Collor pelo Senado Federal em 30 de dezembro de 1992, desconsiderando a sua renúncia, que antecedeu o julgamento no Senado. Em 1993 o ex-presidente viria a ser absolvido pelo STF, por falta de provas, da acusação do crime de corrupção. O argumento de sua defesa de que esse resultado invalidaria o processo de impeachment jamais foi acolhido pelo Supremo. Collor teve os seus direitos políticos cassados por oito anos pelo Senado. Em 2007 retornou à Casa que o havia afastado da Presidência, agora como senador eleito pelo estado de Alagoas.

GOVERNOS ITAMAR E FHC

Nos governos Itamar Franco e Fernando Henrique Cardoso, o Supremo manteve, em termos gerais, uma postura deferente ao governo e ao Congresso Nacional, ratificando grande parte das medidas econômicas, assim como as reformas constitucionais que permitiram o processo de desnacionalização e privatização da economia, além da primeira etapa da reforma do sistema de previdência social, na qual era necessário decidir se a taxação sobre os benefícios dos aposentados do setor público consistia ou não em uma violação ao direito adquirido à aposentadoria integral.

A experiência do Plano Collor, em que as ações do governo foram extensamente contestadas pela magistratura de primeiro grau, deixou claro ao governo e ao próprio Supremo que era necessário criar mecanismos que reforçassem sua jurisdição. Isso foi feito por intermédio da emenda constitucional nº 3, que, entre outras medidas, criou a ação direta de constitucionalidade, conferindo força vinculante à decisão do STF que declarasse constitucional um ato normativo. Dessa forma, o Supremo ampliou a capacidade de impor sua jurisprudência sobre as demais esferas da Justiça, reduzindo o risco de que viesse a ocorrer uma nova rebelião do baixo clero judicial, como havia acontecido por ocasião do Plano Collor, quando os juízes e tribunais inferiores ousaram discordar da decisão do Supremo, que não havia orginalmente declarado inconstitucional o bloqueio dos cruzados.

Com o objetivo de reduzir a participação do Estado na atividade econômica, desnacionalizar a economia brasileira, flexibilizar a administração pública, reduzir o déficit previdenciário e, finalmente, alcançar o equilíbrio fiscal, o governo Fernando Henrique Cardoso, ao contrário de Collor, optou pela aprovação de um vasto conjunto de emendas à Constituição. As emendas de nºs 5 a 9 permitiram ao governo levar a cabo um amplo projeto de privatização. O STF negou-se a contestar esse largo processo de reforma de nosso sistema econômico. Nesse caso, com sua deferência aos poderes políticos, contribuiu para que as reformas, mesmo a previdenciária, pudessem ser levadas a cabo sem maiores dificuldades.

Apesar dessa tendência deferente, ainda no governo Itamar Franco o Supremo surpreendeu ao declarar pela primeira vez a inconstitucionalidade de alguns dispositivos de uma emenda à Constituição. Com o objetivo de aumentar a arrecadação, o Congresso Nacional aprovou a criação do Imposto Provisório sobre Movimentação Financeira (IPMF). Como sabia que o tributo encontraria obstáculos de natureza constitucional, o governo o fez por intermédio de uma emenda, dando a entender que dessa forma os obstáculos estariam superados. Não foi o que considerou o Supremo (ADI 926). Para o STF, a cobrança do imposto confrontava o princípio da anterioridade tributária, além da proibição de tributar templos e papel para a publicação de livros e jornais, todos estabelecidos pelo artigo 150 e incisos da Constituição Federal. Para o Supremo, apesar de essas "limitações ao poder de tributar" não se encontrarem no Título dos Direitos e Garantias Fundamentais, não poderiam ser desconsideradas como cláusulas pétreas da Constituição. O ministro Sepúlveda Pertence foi o único a dissentir, pois entendia que uma leitura tão ampla das cláusulas pétreas certamente iria engessar o processo de adaptação da Constituição. O Tribunal também entendeu, agora por unanimidade, que a tributação pela União de operações financeiras praticadas por estados e municípios criada pelo IPMF poderia constituir uma ameaça à federação, razão pela qual a emenda também deveria ser declarada inconstitucional por ofender uma cláusula pétrea.

Embora a declaração de inconstitucionalidade desses dispositivos não tenha colocado em risco grande parte da arrecadação pretendida com o IPMF, ficou claro que, a partir daquele momento, o Supremo não hesitaria em exercer o enorme poder de controlar a constitucionalidade de emendas que a Constituição lhe havia conferido, ao estabelecer, no artigo 60, parágrafo 4º, que "não será objeto de deliberação a proposta de emenda tendente a abolir: a forma federativa de Estado; o voto direto, secreto, universal e periódico; a separação dos Poderes; [e] os direitos e garantias individuais". Em síntese, o STF não abdicaria da competência supremocrática de controlar o poder constituinte reformador.

É importante lembrar que naquele mesmo ano começava a se discutir no Congresso Nacional uma proposta mais ampla de reforma do Judiciário, que incluía, entre outras coisas, a criação de alguma forma de controle externo da atividade judicial. Não se deve descartar a hipótese de que o Supremo, ao explicitar a sua disposição de decidir sobre a constitucionalidade de uma emenda à Constituição num caso bastante sutil como o do IPMF, estava determinado a sinalizar ao sistema político que, daquele momento em diante, a última palavra sobre a validade de emendas constitucionais seria sua.

Por fim, ainda no período Fernando Henrique Cardoso, cumpre chamar a atenção para o início de uma atuação bastante ativa e responsiva do STF no campo dos direitos sociais, em especial do direito à saúde. A partir dos anos 2000, o Supremo enfrentou uma série de casos relativos à distribuição de medicamentos, internações diferenciadas ou direito à creche. Muitos desses casos chegaram ao Tribunal por via de recursos interpostos por órgãos da administração pública que se viram obrigados a atender decisões judiciais que se contrapunham às políticas públicas desenhadas pela administração.

Esses casos reivindicavam uma clara alteração na forma tradicional como se dividiam as atribuições entre os poderes. A elaboração e a implementação de políticas públicas sempre foram reconhecidas como incumbências dos poderes representativos, devendo o Judiciário ser deferente às escolhas dos demais poderes. A partir do julgamento do caso relativo à distribuição do coquetel anti-HIV (AgRg/RE 271.286-8-RS), o Supremo deixou claro que o Estado não poderia se esquivar de suas obrigações decorrentes dos direitos fundamentais — no caso o direito à saúde, reconhecido no artigo 196 da Constituição — por restrições orçamentárias. Essa postura altamente responsiva do Supremo tem sido criticada não apenas por aqueles que se contrapõem aos direitos sociais, mas também por muitos igualitaristas, como Octavio Ferraz, por detectarem que muitas vezes a intervenção judicial gera impactos regressivos na política pública.[34]

O que começou a ficar claro nos períodos Itamar e FHC foi que o Supremo não mais se limitaria ao papel de um tribunal omisso e deferente. Ao julgar sem grande cerimônia inconstitucional uma emenda à Constituição, deu um sólido passo em direção ao exercício da supremocracia. Também ao assumir uma postura mais responsiva, se declarando competente para interferir nas políticas públicas decorrentes de direitos fundamentais, o STF se demonstrou cada vez mais confortável em ocupar sua nova posição no sistema de separação de poderes criado pela Constituição de 1988.

PERÍODO LULA

Com a estabilização econômica e a tranquila transição do governo de Fernando Henrique Cardoso para o de Luiz Inácio Lula da Silva, o Supremo também passou por uma transformação na sua composição e postura. Lula teve a oportunidade de nomear nada menos que sete ministros (Joaquim Barbosa, Eros Grau, Ayres Britto, Cármen Lúcia, Carlos Alberto Direito e Dias Toffoli), muitos deles com uma visão mais afinada com as ambições da Constituição de 1988, em especial no campo dos direitos fundamentais. Carlos Ayres Britto talvez seja um bom exemplo desse compromisso com a gramática de direitos fundamentais inscrita na Constituição de 1988. Isso iria repercutir numa postura institucional ainda mais responsiva do STF.

A formação da agenda do Supremo depende da propositura de ações, mas também da disposição dos ministros e presidentes do Tribunal de pautá-las. Nesse período a agenda legislativa do governo, no campo dos direitos fundamentais, fez vários avanços, que geraram a reação de minorias mais conservadoras, derrotadas no Congresso Nacional. O resultado foi a judicialização de inúmeros casos contra as ações afirmativas relativas ao estabelecimento de cotas raciais pelo ProUni e posteriormente quotas de ingresso pela Universidade de Brasília (ADI 3197 e ADPF 186); o controle do porte de armas de fogo estabelecido pelo Estatuto do Desarmamento (ADI 3137); a validade da utilização, para fins de pesquisa científica, de células-tronco embrionárias congeladas não mais adequadas para fertilização (ADPF 54); os limites da liberdade de expressão (HC 82 424 e ADI 4815); os limites da liberdade de manifestação definidos nos casos da manifestação na Praça dos Três Poderes (ADI 1969-4); a demarcação de terras indígenas da Raposa-Serra do Sol, em face de interesses como produção agrícola e mesmo proteção das fronteiras (PET 3388).

Trata-se de apenas uma amostra de casos que indicam que o Supremo não se esquivou de julgar questões difíceis e muitas vezes pouco populares. Importa destacar que, em grande parte dessas matérias — como ação afirmativa, porte de armas, pesquisa com células-tronco e mesmo demarcação das terras indígenas —, o Supremo apenas ratificou a atuação dos poderes representativos. Em todos esses casos havia uma lei aprovada pela maioria ou um ato administrativo emitido pelo presidente, como no caso da Raposa-Serra do Sol. Mesmo que tenha apenas ratificado decisões majoritárias, a retórica do Supremo não foi a da mera deferência aos órgãos de representação. Em todas as ações, as minorias derrotadas no processo político foram atuantes nas suas tentativas de buscar derrubar as decisões majoritárias que instituíram essas leis e políticas, com argumentos substantivos. O Supremo não se furtou a analisar o mérito de cada uma dessas ações, reafirmando que as medidas estavam em conformidade com as exigências estabelecidas pelos direitos fundamentais reconhecidos pela Constituição.

O saldo da atuação do STF no campo da proteção dos direitos fundamentais, nesse período, foi bastante positivo, inclusive quando comparado a outras cortes consideradas progressistas ao redor do mundo.[35] Evidente que esse tipo de juízo pode ser questionado em razão das preferências ideológicas de cada um. Nos dois mandatos de Lula, o Supremo assumiu uma postura bastante ativa no que se refere à implementação da ambiciosa carta de direitos incorporada pela Constituição de 1988. É importante destacar, de toda forma, que na maioria dos casos essa ação referendou as decisões do legislador e do Executivo, contra os questionamentos realizados pelos setores derrotados no campo político.

No entanto, a postura assumida pelo STF no redesenho de nosso sistema representativo pode ser objeto de muitas críticas — não de uma perspectiva ideológica ou mesmo em relação aos objetivos almejados pelos ministros, mas sim pela interferência sistêmica que o Tribunal se permitiu no campo de competência do Legislativo, como tem alertado de maneira muito arguta Adriana Ancona de Faria.[36] Como já mencionado, o estabelecimento do sistema proporcional, associado a distritos eleitorais muito extensos, pois coincidem com os estados da federação, contribui para a multiplicação de legendas, aumentando o custo para a formação das bases de apoio parlamentar aos governos. Com o objetivo de limitar a proliferação de partidos, o então presidente

Fernando Henrique Cardoso sancionou a lei nº 9096/95, estabelecendo que, em dez anos, para que um partido pudesse ter o pleno funcionamento parlamentar, assim como acesso ao Fundo Partidário e tempo de rádio e televisão, deveria ser capaz de alcançar um patamar mínimo de votos nas eleições para a Câmara dos Deputados.

Embora já houvesse um consenso sobre as dificuldades de coordenação do sistema político brasileiro, decorrente do grande número de partidos com assento na Câmara dos Deputados, o Supremo, por decisão unânime, fulminou em dezembro de 2006 a lei que estabelecia a cláusula de desempenho, considerada pelo relator, ministro Marco Aurélio Mello, um "massacre das minorias" e, consequentemente, uma afronta ao princípio do pluralismo político (ADIS 1351 e 1354). Nesse momento o escândalo do mensalão, que estava diretamente relacionado ao problema da manutenção de uma base de apoio parlamentar num ambiente de alta fragmentação partidária, já tinha vindo à tona.

A decisão unânime dos ministros não deixa dúvida de que a lei, tal como sancionada, impunha sérias limitações à sobrevivência de pequenas legendas e, portanto, poderia ser considerada inconstitucional. O Supremo, no entanto, não se utilizou de seus poderes de modulação para afastar os exageros da legislação, preservando o objetivo da lei, que era estabelecer um mínimo de ordem no sistema representativo. Ao fazer uma leitura tão ampla do princípio do pluralismo, vetando a decisão tomada pelo próprio sistema representativo para assegurar a operacionalidade do presidencialismo de coalizão, o STF passou a ser protagonista no redesenho do sistema eleitoral brasileiro.

Menos de um ano após o julgamento que derrubou a cláusula de desempenho, frustrando um forte freio de arrumação em nosso presidencialismo de coalizão, o Supremo estabeleceu que os deputados que trocassem de legenda perderiam os seus mandatos. Dessa forma, aduziram à Constituição mais uma hipótese de perda de mandato parlamentar (MS 26602, 26603 e 26604). Aqui o Tribunal não exerceu apenas uma conduta contramajoritária, fundada no direito das minorias políticas de formar partidos, mas decidiu reformar a Constituição com o objetivo de moralizar o sistema partidário. É evidente que a promiscuidade dos parlamentares que trocavam — e ainda trocam — de partidos por interesses pragmáticos ou meramente financeiros prejudica a integridade do sistema representativo. O fato, porém, é que, ao tentar interromper esse ciclo vicioso por intermédio de uma sentença judicial, o Supremo criou uma nova categoria de perda de mandato parlamentar, distinta daquelas hipóteses previstas no artigo 55 da Constituição Federal, que, como o ministro Celso de Mello reconheceu, constituem *numerus clausus*, portanto, um conjunto de hipóteses que não pode ser expandido. Para o ministro, a decisão do Supremo não deve ser considerada um ato de usurpação por parte do Judiciário, pois ao STF caberia "o monopólio da última palavra em tema de exegese das normas positivadas no texto da Lei Fundamental". Mais do que isso, citando Francisco Campos, o ministro Celso de Mello afirmou que: "A Constituição está em elaboração permanente nos tribunais incumbidos de aplicá-la […]. Nos tribunais incumbidos da guarda da Constituição, funciona, igualmente, o poder constituinte". Certamente foi um importante passo na consolidação da supremocracia brasileira, pois aqui não apenas o Supremo altera o sentido da Constituição como também seu decano explicita que o Tribunal detém o poder legítimo de reformá-la.

A decisão sobre a perda de mandato por infidelidade partidária, além de problemática da perspectiva da teoria democrática e do princípio da separação de poderes, trouxe graves consequências para o quadro partidário nacional. Como não havia impedimento para que os deputados migrassem para uma nova legenda ou para um partido formado a partir da fusão de outros já existentes, o Supremo terminou por contribuir de maneira decisiva para que tivesse início uma corrida para a formação de novos partidos políticos. Sem cláusula de barreira e com o estabelecimento de uma regra mais restritiva de fidelidade partidária, sem falar nos diversos incentivos financeiros e políticos criados pelo legislador, como o Fundo Partidário, o Brasil assistiu passivamente ao surgimento de uma avalanche de novas legendas.

Com a maior fragmentação do Congresso Nacional, em especial da Câmara dos Deputados, os custos de manutenção da base de sustentação do governo, cada vez mais heterogênea e sem maior alinhamento programático, foram ampliados. Sob a pretensão de corrigir falhas no sistema político, o STF contribuiu para torná-lo mais ininteligível e de difícil coordenação.

EVOLUÇÃO NO NÚMERO TOTAL DE PARTIDOS ENTRE 1989 E 2016

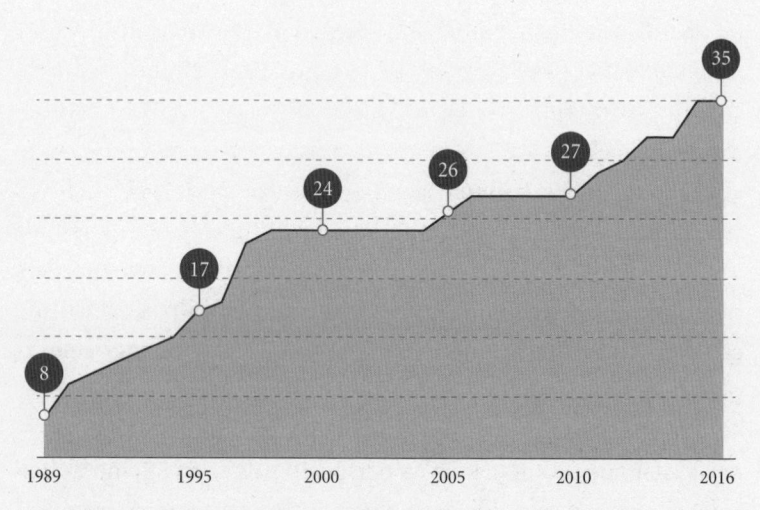

1989	1995	2000	2005	2010	2016
8	17	24	26	27	35

Fonte: "Partido do 'você não me representa'". *O Globo*. Disponível em: <https://infograficos.oglobo.globo.com/brasil/partido-do-voce-nao-me-representa.html>.

PERÍODO DILMA

Durante o governo Dilma, o Supremo manteve uma postura bastante responsiva no campo dos direitos fundamentais. Julgou casos importantes, como a união homoafetiva (ADPF 132 e ADI 4277); a liberdade de manifestação, através dos casos relativos à "Marcha da Maconha" (ADPF 187 e ADI 4274); o aborto de fetos anencéfalos (ADPF 54) e um primeiro passo na descriminalização do aborto consentido, no início da gestação (HC 124 306, julgado pela Primeira Turma); ou ainda a autorização para publicação de biografias não autorizadas (ADI 4815).

O tema em que o Supremo mais desafiou a vontade da maioria foi no caso da união civil homoafetiva, já que tanto o Código Civil como a Constituição expressamente citam que a união civil deve se dar entre homens e mulheres. Para a maioria do Supremo, no entanto, essa leitura da Constituição acarretaria uma grave violação dos princípios da dignidade humana e da igualdade, pois impediria que casais formados por pessoas do mesmo sexo fruíssem dos mesmos direitos e prerrogativas que os formados por pessoas de sexos distintos. De fato, nesse caso, através de uma decisão judicial, os ministros retificaram o sentido de um dispositivo da Constituição sem alteração de seu texto, de forma a colocá-lo em linha com os princípios da dignidade humana e da igualdade.

No caso da união civil de pessoas do mesmo sexo, o Supremo teve que se deparar com uma tensão entre normas da Constituição. De um lado, dispositivos determinando que todas as pessoas devem ser tratadas com igual respeito e consideração; de outro, que apenas os casais formados por homens e mulheres têm a prerrogativa de se unirem civilmente. Assumir uma posição deferente resultaria em aceitar que a cláusula específica excepcionaria a cláusula geral. Essa posição, no entanto, implicaria violação de direitos de um grupo minoritário e tradicionalmente discriminado — um resultado inaceitável da perspectiva dos direitos fundamentais. Dado que o sistema político, que responde a uma lógica majoritária, não protegeria uma minoria tradicionalmente discriminada, coube ao STF fazê-lo, afastando uma forma excludente de interpretação. Um tribunal que tem por missão assegurar a máxima efetividade das normas de direitos fundamentais (artigo 5º, XXXV, e parágrafo 1º) não pode abdicar da proteção de um grupo minoritário e historicamente discriminado de forma a equipará-lo aos demais setores da sociedade. A decisão desse caso deu-se, claramente, naquela esfera de penumbra, sendo assim passível de um amplo debate sobre a adequação da atuação do Supremo. Enquanto para os críticos da decisão houve um claro caso de usurpação por parte do Supremo, para os que apoiam a decisão o Tribunal foi altamente responsivo ao dar a interpretação que favorece, na maior medida possível, o exercício dos direitos fundamentais.

No caso do aborto, em que o Supremo ampliou as hipóteses de exclusão da punibilidade previstas no Código Penal, a Primeira Turma do Tribunal também foi acusada de usurpadora. A distinção em relação ao caso das uniões homoafetivas, no entanto, é que, ao tratar do tema do aborto, o Supremo não teve que enfrentar uma tensão ou uma colisão entre normas de estatura constitucional. Sua decisão limitou-se a determinar que o Código Penal passasse a ser interpretado em conformidade com a Constituição.

No campo da reforma política, o Tribunal definiu ainda que a Lei da Ficha Limpa não viola o princípio da presunção de inocência ao proibir a candidatura de quem houver sido condenado por crimes contra a administração pública por um órgão colegiado (ADC 29 e 30 e ADI 4578). O Supremo também decidiu proibir as doações eleitorais por parte de empresas privadas, com o objetivo de reduzir o impacto dos grandes doadores sobre o sistema político. Ambas as decisões tiveram um grande impacto sobre as eleições de 2018. No caso da Lei da Ficha Limpa, impediu a participação do ex-presidente Lula no pleito eleitoral. A decisão de proibir doações empresariais levou o Congresso Nacional a aprovar uma ampliação dos recursos públicos a serem transferidos para os partidos, aumentando o peso dos líderes e caciques partidários, responsáveis pela distribuição dos recursos, na formação das chapas.

A partir de 2013, o Supremo seria tragado pela crise política do governo da ex-presidente Dilma, que culminou com seu impeachment. Entre os casos mais relevantes relacionados à crise e às investigações da Operação Lava Jato, temos a prisão do senador Delcídio do Amaral (AC 4039); o afastamento do deputado Eduardo Cunha da presidência da Câmara (AC 4070), após o término do processo de impeachment; o afastamento dos senadores Aécio Neves e Renan Calheiros, sendo que este último se negou a atender à ordem do Supremo (ADI 5526 e ADPF 402); decisões contraditórias, uma impedindo a posse do ex-presidente Lula como ministro-chefe da Casa Civil do governo Dilma, outra autorizando a posse de Moreira Franco como ministro do governo Temer em circunstâncias muito semelhantes (MS 34 070 e MS 34 609); além da batalha que se instaurou no STF em torno de diversas questões centrais à Operação Lava Jato, como a discussão sobre a constitucionalidade da execução provisória da sentença criminal condenatória, com direto impacto sobre a manutenção da prisão do ex-presidente Lula (ADC 43 e 44); ou ainda das conduções coercitivas, posteriormente declaradas inconstitucionais pelo Supremo.

Ainda que as investigações do escândalo do mensalão, como ficou conhecido o esquema de repasse de recursos para a obtenção de apoio da base aliada, tenham se iniciado no primeiro governo de Luiz Inácio Lula da Silva e a denúncia contra quarenta indiciados tenha ocorrido em 2007, o julgamento da ação penal 470 somente teve início em agosto de 2012, mais de sete anos após o deputado Roberto Jefferson ter tornado público o esquema numa bombástica entrevista à jornalista Renata Lo Prete. Até aquele momento, o STF não havia exercitado sua jurisdição penal em casos relevantes envolvendo altas autoridades, com exceção do julgamento penal do ex-presidente Fernando Collor de Mello, que terminou absolvido das acusações de corrupção durante o seu governo, por ausência de provas.

Dentre as muitas explicações para a inércia do Supremo no controle de condutas criminais de parlamentares, destaca-se o fato de que até a emenda nº 35, de 2001, o Supremo deveria solicitar autorização prévia à Câmara ou ao Senado para dar início ao processo. A mudança foi uma consequência das dificuldades de processar o deputado federal Hildebrando Pascoal Nogueira Neto, ex-coronel da Polícia Militar, conhecido como "deputado da motosserra", que viria a ser condenado posteriormente por liderar grupos de extermínio no Acre. Somente a partir da emenda nº 35 o Supremo passou a poder apreciar diretamente as denúncias apresentadas pelo Ministério Público sem ter que pedir autorização prévia ao parlamento.

O julgamento da ação penal 470 teve um grande impacto na visibilidade do STF junto à opinião pública. Foram ao todo 69 sessões televisionadas, que transcorreram ao longo de um ano e meio de julgamento. Entre os 24 condenados estavam líderes políticos da dimensão de José Dirceu e José Genoino, do PT, além de uma sócia e executivos do Banco Rural e membros da base de sustentação do governo, condenados por receber recursos financeiros periódicos em troca de apoio nas votações de interesse do governo. Muitas foram as decisões de natureza jurídica que fizeram com que esse julgamento se tornasse um divisor de águas na construção da supremocracia brasileira, entre elas a de afastar o pleito dos advogados de que se tratava de uma mera infração às regras eleitorais. Essa decisão — que foi central para que aos réus fossem imputados os crimes de corrupção, lavagem de dinheiro e formação de quadrilha — foi futuramente revista tanto pelo Tribunal Superior Eleitoral, quando do julgamento da chapa Dilma-Temer, em junho de 2017, como pelo Superior Tribunal de Justiça, no caso envolvendo o ex-governador Geraldo Alckmin, em abril de 2018. Em ambos os casos, as imputações ficaram restritas a recursos não contabilizados na Justiça Eleitoral. Para o Supremo, o mensalão consistiu em um amplo esquema de corrupção, que envolvia lavagem de dinheiro e formação de quadrilha. Também teve um efeito disruptivo sobre o direito penal brasileiro a aceitação da teoria do "domínio do fato" pelo Tribunal. A premissa central dessa teoria é que aqueles que ocupam posição de comando dentro de uma estrutura hierarquizada na qual ocorrem os crimes podem ser presumidos como criminalmente responsáveis pelas condutas de seus subordinados. A utilização dessa teoria, na forma como aceita pelo Supremo, relativiza o primado da responsabilidade penal subjetiva, segundo a qual seria necessário individualizar cada conduta para que se pudesse imputar a alguém um fato criminoso. Por fim, o STF também decidiu que o processo não seria desmembrado, mantendo sob sua jurisdição todos os réus envolvidos — o que seria alterado para o julgamento dos indiciados na Operação Lava Jato.[37] O caso consumiu tempo e energia do Tribunal, mas também projetou seus ministros para um novo patamar na vida pública brasileira.

Com o mensalão, o Supremo deu um passo definitivo na afirmação de seu poder de controlar a conduta das mais altas autoridades do país. O processo também deixou claro como o exercício dessa função de tribunal criminal de primeira e única instância é dificilmente conciliável com o exercício das outras atribuições do STF — não apenas porque lhe rouba muito tempo, mas também porque aumenta imensamente o seu campo de tensão com o corpo político.

Com o agravamento da crise política, os escândalos de corrupção trazidos a público pela Operação Lava Jato, que teve início em 2014, e a deterioração do ambiente econômico, o governo Dilma perdeu rapidamente o controle de sua base de sustentação no Congresso Nacional, abrindo caminho para que Eduardo Cunha, então presidente da Câmara dos Deputados, com amplo apoio da oposição, recebesse um dos diversos pedidos de impeachment propostos contra a presidente. A crise política aberta pela instauração do processo de impeachment mais uma vez trouxe o Supremo para o centro da arena política. Na tentativa de recuperar apoio popular e capacidade de articulação junto ao Congresso Nacional, a presidente Dilma decidiu nomear o ex-presidente Luiz Inácio Lula da Silva como ministro. Com a nomeação, o ex-presidente voltaria a gozar das prerrogativas de foro, devendo ser transferidos para o Supremo os procedimentos que tramitavam na Justiça Federal em Curitiba. Com o objetivo de impedir a posse, o PPS interpôs mandado de segurança coletivo contra o ato de nomeação do ex-presidente Lula para o cargo de ministro-chefe da Casa Civil. Por decisão monocrática, o ministro Gilmar Mendes concedeu a medida cautelar, por entender que havia ocorrido desvio de finalidade no ato de nomeação (MS/MC 34 070). Muito embora a Constituição seja clara ao conferir ao presidente a competência para escolher os seus ministros (artigo 84, I), e não haja nenhuma objeção à nomeação de pessoa que estiver sendo objeto de processo ou investigação, Mendes entendeu que houve um caso de "ilícito atípico" — ou seja, uma ilegalidade não prevista na lei. Caracterizou o ato da ex-presidente Dilma como uma tentativa de "obstrução" do progresso das atividades judiciais. Quanto à gravação realizada sem autorização judicial, logo ilegal, que foi divulgada publicamente, em que Dilma e Lula conversam sobre a nomeação, o ministro a desqualificou como prova, afirmando ter baseado sua decisão em confissão da então presidente, ocorrida no discurso de posse e na nota oficial emitida em 16 de março de 2016. Esse caso também é paradigmático quando contraposto à decisão tomada pelo ministro Celso de Mello, já no governo Michel Temer, que não obstou a nomeação do ex-governador Moreira Franco (MS/MC 34 609) como ministro do governo Temer, por entender que a competência para escolher seus auxiliares é privativa do presidente. Embora os casos sejam jurídica e politicamente muito parecidos, as respostas dadas pelos distintos ministros do Supremo confirmaram não apenas a fragmentação do Tribunal, mas também o efeito loteria hoje existente dentro do STF.

Diego Werneck Arguelhes e Leandro Ribeiro,[38] em instigante artigo, denominam o crescimento do exercício monocrático da jurisdição do Supremo de "ministrocracia". Trata-se de uma versão radical da "supremocracia", em que parte importante do poder entregue pelo constituinte ao STF foi sendo assumida individualmente por seus membros. O que impressiona, quando olhamos os dados do próprio STF, é o crescimento no número de decisões monocráticas a partir de 2013, o que não corresponde a um igual crescimento no número geral de demandas, caracterizando o processo de fragmentação da jurisdição do Supremo.

Com o agravamento da crise econômica, o aumento da tensão entre o governo Dilma e setores do PMDB que vinham sendo alijados de suas esferas de interesse, especialmente na Petrobras, e a crescente pressão de setores da sociedade contra o governo, impulsionada pelas informações oriundas da Operação Lava Jato, ofereceram a oportunidade para que o presidente da Câmara

EVOLUÇÃO DAS DECISÕES MONOCRÁTICAS DO STF

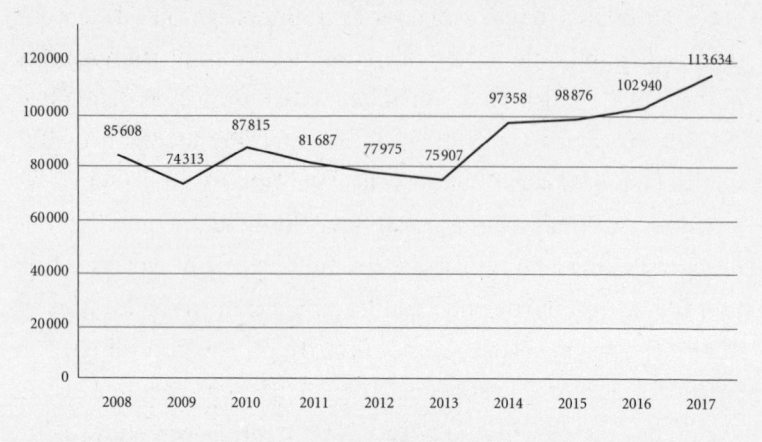

Ano	Decisões
2008	85608
2009	74313
2010	87815
2011	81687
2012	77975
2013	75907
2014	97358
2015	98876
2016	102940
2017	113634

Gráfico produzido por Ana Laura Barbosa, pesquisadora do Supremo em Pauta, FGV Direito SP, a partir de dados do próprio STF.

Eduardo Cunha autorizasse, em 2 de dezembro de 2015, o processamento de um dos 63 pedidos de impeachment protocolados contra Dilma Rousseff.

A denúncia apresentada por Hélio Bicudo, Miguel Reale Jr. e Janaína Paschoal alegava que a ex-presidente havia contraído empréstimos ilegais junto a instituições financeiras públicas para cobrir o déficit orçamentário, no que se convencionou chamar de "pedaladas fiscais"; que editara, entre 2014 e 2015, decretos de créditos suplementares sem a autorização do Congresso Nacional; por fim, a denúncia acusava a ex-presidente de ter se omitido em relação às diversas denúncias de corrupção no âmbito da Petrobras. Eduardo Cunha, no entanto, recebeu a denúncia apenas em relação às "pedaladas fiscais" e à abertura de créditos extraordinários por intermédio dos decretos não autorizados pelo Congresso. Argumentou que os fatos relativos à corrupção diziam respeito ao mandato anterior, não podendo ser objeto de apreciação por via de impeachment.

Como no caso Collor, o Supremo foi imediatamente convocado a interferir no processo de impeachment (ADPF 378). Apoiadores de Dilma questionaram não apenas falhas procedimentais na condução do processo, mas também a inexistência de justa causa que permitisse a responsabilização da ex-presidente. Já no dia 8 de dezembro, o ministro Fachin determinou a suspensão do processo até que fosse definido o procedimento a ser seguido pela Câmara e pelo Senado. Apesar das diversas celeumas ocorridas durante o processo de impeachment de Collor, o Congresso não se dera ao trabalho de adaptar a velha Lei de Crimes de Responsabilidade, de 1950, aos dispositivos da Constituição de 1988. O ministro também invalidou a eleição dos membros da Comissão Especial conforme os interesses de Eduardo Cunha.[39] Em 17 de dezembro o Tribunal terminou o julgamento da ADPF 378, proposta pelo Partido Comunista do Brasil, que referendou parte das decisões do ministro Fachin e estabeleceu uma série de diretrizes procedimentais, como já havia feito no caso Collor, para adequar a lei nº 1079, de 1950, assim como os regimentos internos das duas Casas do Congresso Nacional, às diretrizes estabelecidas pela Constituição de 1988. Ficou claro nesse julgamento que a interferência do STF se limitaria a garantir que o processo do impeachment transcorresse dentro dos limites do devido processo legal formal. A discussão sobre a "justa causa" não seria enfrentada pelo Tribunal, pelo entendimento dos ministros, na esteira do que havia proposto o ministro Paulo Brossard durante o julgamento do caso Collor, de que a competência para determinar a ocorrência do crime de responsabilidade foi conferida exclusivamente ao Senado Federal pela Constituição de 1988.

No dia 17 de março de 2016 foi instalada a nova Comissão Especial do Impeachment na Câmara do Deputados, atendendo agora às determinações estabelecidas pelo STF, como a votação aberta. Em 17 de abril de 2016, o plenário da Câmara dos Deputados autorizou o prosseguimento do processo de impeachment contra a presidente Dilma. No dia 12 de maio, o Senado aprovou o relatório elaborado pelo senador Antonio Anastasia admitindo o recebimento da denúncia, o que teve por consequência o afastamento provisório de Dilma até o término de seu julgamento pelo Senado, presidido pelo ministro Ricardo Lewandowski, que veio a ocorrer em 31 de agosto de 2016. Na sessão de julgamento, foi apresentado um destaque para que as questões de perda do cargo e suspensão dos direitos políticos fossem votadas em separado. Como consequência, a ex-presidente foi condenada à perda do cargo, mas não à suspensão de seus direitos políticos.

PERÍODO TEMER

A atuação supremocrática persistiu avançando mesmo depois da conclusão do processo de impeachment da ex-presidente Dilma. Depois que o processo já estava sob a jurisdição do Senado Federal o ministro Teori Zavascki determinou, por medida cautelar, o afastamento do deputado Eduardo Cunha do cargo de presidente da Câmara em 2016 (AC 4070). Muito embora o artigo 55 da Constituição não estabeleça a previsão de afastamento de parlamentar em função de medida cautelar em processo penal, o STF entendeu que o então presidente da Câmara estava utilizando de suas prerrogativas para interferir indevidamente em investigação criminal, além de obstaculizar o devido processamento de uma denúncia por quebra de decoro que tramitava contra ele no Conselho de Ética da Câmara dos Deputados.[40] Embora tenha sido descrita pelos próprios ministros como uma medida "excepcional", em circunstâncias também excepcionais, a decisão reforçou a posição do Supremo como uma instância capaz de reescrever a Constituição. O caso de Eduardo Cunha trazia, evidentemente, enorme complexidade política e jurídica. Se, por um lado, o texto constitucional não autoriza a hipótese de afastamento de parlamentar por medida cautelar proferida pelo Judiciário, o Supremo argumentou que seria contrário à Constituição admitir que um deputado pudesse se utilizar de suas prerrogativas para obstruir a atuação da Justiça. Mais uma vez o Supremo irá decidir numa zona de penumbra, visto que regras e princípios constitucionais apontam em direções conflitantes.

O afastamento do deputado Eduardo Cunha serviu de precedente para decisões cautelares monocráticas do Supremo determinando o afastamento dos senadores Renan Calheiros e Aécio Neves, ambos envolvidos em investigações criminais. Dessa vez, no entanto, a classe política resistiu à intervenção do Supremo na esfera do Congresso Nacional. O senador Renan Calheiros simplesmente se negou a tomar conhecimento da ordem judicial emitida pelo ministro Marco Aurélio, confrontando a autoridade do STF, num gesto incomum nesses últimos trinta anos. O imbróglio terminaria com um constrangido voto da ministra Cármen Lúcia reconhecendo que o Supremo não poderia determinar o afastamento de membro do parlamento sem consultar previamente a respectiva Casa (ADI 5526).

Em agosto de 2016, o STF reafirmou a sua disposição de enrijecer o sistema penal. Ao julgar um habeas corpus comum (HC 126 292), o Supremo derrubou sua jurisprudência, de 2009, que impedia a execução provisória da sentença penal após a condenação em segunda instância (HC 84 078). A controvérsia em torno dessa decisão tem raiz na redação do artigo 5º, LVII da Constituição Federal, segundo o qual "ninguém será considerado culpado até o trânsito em julgado de sentença penal condenatória". Por "trânsito em julgado" entende-se sentença da qual não caiba mais recurso.

Por mais de vinte anos, a jurisprudência do Supremo compreendeu que esse dispositivo não impedia a execução provisória da pena, quando houvesse sido determinada por decisão de segunda instância. O fato de um réu condenado em segunda instância ter o direito de recorrer ao STJ e ao STF, por intermédio de recurso especial e recurso extraordinário, não impediria a execução provisória da pena, já que esses recursos não têm o efeito de suspender a sentença objeto do recurso, como salientou o ministro Néri da Silveira, em acórdão de 1991 (HC 68726). Essa jurisprudência foi, no entanto, derrubada em 2009, por uma maioria apertada de seis votos a cinco. Para a maioria, liderada pelo ministro Eros Grau, o texto da Constituição era claro, não podendo o Supremo ignorá-lo. Se a culpa só poderia ser formada depois que tivesse sido esgotada toda a possibilidade de recurso, não faria sentido determinar a prisão de alguém que ainda não tivesse sido considerado culpado (HC 84078).

Foi contra esse entendimento que se insurgiu, em 2016, um Supremo com composição razoavelmente alterada. Para o ministro Teori Zavascki, relator do habeas corpus (HC 126292), não se deveria confundir formação de culpa com a possibilidade de execução provisória da sentença. Para a nova maioria, a Constituição jamais impediu diversas formas de prisão antes da formação definitiva da culpa, como as prisões em flagrante, as prisões cautelares e as prisões decorrentes de execução provisória da sentença. De acordo com o ministro Barroso, o que regula a prisão é o inciso LXI do mesmo artigo 5º, e este se refere a "ordem escrita e fundamentada de autoridade judiciária competente", não a sentença transitada em julgado. Reenfatizou a maioria, ainda, que a decisão de 2009 tinha gerado diversos efeitos negativos sobre o sistema criminal, em especial o incentivo à interposição de recursos protelatórios, o descrédito do sistema, bem como a sua maior seletividade. Como os réus mais afluentes conseguiriam se utilizar desses recursos em maior medida, alongando o término do processo, receberiam um tratamento diferenciado do sistema de Justiça.

Esse caso tem, evidentemente, uma enorme importância para o funcionamento do sistema criminal, em especial para as operações de combate à corrupção e ao crime organizado. Ao reduzir o horizonte temporal da impunidade, o Supremo criou incentivos para que os réus colaborem com as autoridades, de forma a reduzir as suas penas. Na conjuntura específica em que foi julgado, esse habeas corpus foi visto como resposta do STF aos que buscavam desestabilizar a Operação Lava Jato. Não se deve desprezar o fato de que o Tribunal Regional Federal da 4ª Região, em Porto Alegre, vinha reafirmando grande parte das sentenças proferidas pelo juiz Sérgio Moro.

O tema, que já era juridicamente controvertido, tornou-se ainda mais polêmico à medida que se avizinhou a possibilidade concreta de que a condenação do ex-presidente Luiz Inácio Lula da Silva pelo TRF4 viesse a ser confirmada. Para agravar a situação, o ministro Gilmar Mendes, que votou com a maioria em 2016, manifestou publicamente que havia mudado de posição. Isso levaria a uma inversão do placar, impedindo que as sentenças penais de segundo grau pudessem vir a ser executadas em caráter provisório. Apesar da insistência dos diversos ministros que não se conformaram com a decisão de 2016 de que o plenário deveria revisitar o tema, a partir da mudança do posicionamento do ministro Gilmar Mendes a presidente do Supremo, ministra Cármen Lúcia, negou-se a colocar a questão em pauta,[41] sob o argumento de que não seria adequado ao STF rediscutir uma matéria decidida havia tão pouco tempo.

Numa das mais controvertidas sessões nas últimas décadas, o Supremo denegou o habeas corpus em favor do ex-presidente, que argumentava que o paciente não poderia ser preso antes do trânsito em julgado da sentença penal. A peculiaridade da sessão deu-se, sobretudo, pelo fato de a ministra Rosa Weber, que havia votado contra a possibilidade de execução provisória da sentença e aparentemente não mudara de posição, ter se negado a conceder o habeas corpus, com o argumento de que, desde o início de sua judicatura, prima por respeitar as decisões colegiadas. Assim, em nome da segurança jurídica, vinha denegando os habeas corpus em sua turma, não vendo razão para mudar de postura naquele caso. Como o que se estava julgando era um caso concreto e havia um precedente do Tribunal, ainda que em sede de liminar, que autorizava a prisão após a condenação em segunda instância, Rosa Weber manteve sua posição e denegou o habeas corpus de Lula. Esse caso aponta não apenas a flexibilidade com que o Supremo tem interpretado a Constituição como também um posicionamento cada vez mais estratégico por parte dos ministros.

No auge do embate político resultante do processo de impeachment, o STF tem ainda encontrado espaço — seja por intermédio da ação individual de seus ministros ou da ação das turmas — para resolver questões de enorme repercussão no campo dos direitos fundamentais. O primeiro desses casos, que envolve o poder de controlar a constitucionalidade de emenda à Constituição, refere-se a uma decisão monocrática proferida pelo ministro Ricardo Lewandowski, por intermédio de uma medida cautelar, suspendendo a eficácia dos artigos 2º e 3º da emenda constitucional nº 86/2015. Essa emenda estabelece um teto de recursos destinados à saúde. Para o ministro, por implicar redução nominal de receita para a área, a emenda deveria ser considerada inconstitucional. Conforme seu argumento, ao estabelecer, por intermédio do artigo 196, o direito subjetivo à saúde, a Constituição impôs ao poder público a obrigação de estabelecer "políticas sociais e econômicas que visem à redução do risco de doença e de outros agravos e ao acesso universal e igualitário às ações e serviços para sua promoção, proteção e recuperação". Essas políticas deveriam ser progressivas, não podendo ficar vulneráveis às decisões alocativas que reduzam os recursos financeiros necessários à sua implementação.

A Constituição de 1988, por força da emenda constitucional nº 29/2000, estabeleceu para a saúde um sistema de vinculação orçamentária mínima, como já ocorria na área da educação. Ao determinar a redução dos valores a serem despendidos no setor da saúde, a emenda constitucional nº 86/2015 estaria diminuindo a esfera de proteção ao direito à saúde. Esse caso tem enorme importância, porque abre um precedente para a discussão da constitucionalidade da emenda constitucional nº 95/2016, aprovada na gestão do presidente Temer, que cria um novo regime fiscal para vigorar até o ano de 2036. Por esse regime, fica criado um teto para as despesas públicas, o que significa que os gastos sociais em geral deverão sofrer contenção, caso não haja cortes nas demais despesas ou um aumento da capacidade de arrecadação. Da perspectiva constitucional, no entanto, o problema reside no fato de que, tanto para a área de educação como para a de saúde, a Constituição de 1988 determina um piso de investimentos. Qual será a consequência se o novo teto estabelecido pela emenda impedir que se despenda o piso mínimo estipulado pela Constituição? A resposta apresentada pelo ministro Ricardo Lewandowski é que, por impor um retrocesso na proteção e promoção desses direitos sociais básicos, a emenda deve ser considerada inconstitucional.

A supremocracia — assim como a sua versão extremada, a ministrocracia, em que os ministros individualmente passam a exercer competências conferidas constitucionalmente ao colegiado do Tribunal — decorre da associação entre o modelo constitucional adotado em 1988, a arquitetura institucional da corte, mas também da postura assumida pelos próprios ministros do STF. A supremocracia encontra-se em evidente tensão com concepções majoritárias da democracia, em que a última palavra sobre temas relevantes à sociedade deve ficar reservada à vontade da maioria. Nosso regime, assim como o de grande parte das democracias hoje existentes, é mais consensual do que majoritário. Ao adotar uma Constituição rígida, com uma ampla carta de direitos, e conferir a um tribunal a competência para protegê-la de eventuais ataques oriundos do campo político, o Brasil optou por um modelo robusto e consensual de democracia, em que a vontade da maioria nem sempre triunfa e as decisões da maioria não podem impactar negativamente as próprias regras do jogo democrático, seus pressupostos nem os direitos fundamentais. Mesmo assumindo que a Constituição explicitamente transferiu muitas atribuições ao Supremo, há enorme dificuldade em se justificar, da perspectiva da teoria democrática, o exercício dessas competências. Além disso, o baixo grau de institucionalização de seu processo decisório, a falta de transparência na elaboração da agenda ou a fragilidade de seu compromisso com os próprios precedentes têm colocado em risco a autoridade do Tribunal. A superação da supremocracia pela ministrocracia — o que, como vimos, tem ocorrido com muita frequência — agrava substancialmente as dificuldades de justificação dos poderes do Supremo.

Se, por um lado, a grande desenvoltura apresentada pelo Supremo ao resolver questões da máxima importância demonstra um fortalecimento das instituições jurídicas — o que é positivo num país que historicamente nunca levou o direito a sério —, por outro, aponta uma perigosa fragilização do sistema representativo em responder às expectativas sobre ele colocadas. Num sistema em que os poderes políticos parecem ter perdido a cerimônia com a Constituição, nada poderia parecer mais positivo do que o seu legítimo guardião exercer a sua função precípua de preservá-

-la. A questão, porém, guarda suas contradições. Ainda que isso possa ser visto como desejável, sabemos todos que é uma tarefa cheia de percalços. Não há consenso entre os juristas sobre como melhor interpretar a Constituição, nem tampouco em como solucionar as inúmeras colisões entre seus princípios. Isso não significa que a tarefa não deva ser feita da forma mais racional e controlável possível, como nos sugere o ex-juiz do Tribunal Constitucional Federal da Alemanha Konrad Hesse.[42] Há, no entanto, dificuldades que transcendem os problemas estritamente hermenêuticos derivados da aplicação de uma Constituição. Essas dificuldades referem-se à própria dimensão da autoridade que se entende adequada a ser exercida por um tribunal dentro de um regime que se pretenda democrático. Como aponta o próprio ministro Celso de Mello, em uma república nenhuma esfera de poder pode ficar imune a controles. Há que se lutar assim pela "progressiva redução e eliminação dos círculos de imunidade do poder" (ADI 239-7). É evidente que não se trata de propor controle de ordem eleitoral para o Supremo, mas sim uma racionalização de sua jurisdição e uma lapidação de seu processo deliberativo, de forma a restringir as tensões entre constitucionalismo e democracia inerentes ao exercício de uma jurisdição constitucional tão ubíqua como a brasileira.

Algumas mudanças de natureza institucional são indispensáveis e urgentes para que possamos eliminar a ministrocracia e reduzir o mal-estar supremocrático. Em primeiro lugar seria essencial redistribuir as competências do Supremo. O STF não pode continuar atuando como corte constitucional, tribunal de última instância e foro especializado. Esse acúmulo de tarefas somente se tornou factível em função da ampliação das decisões monocráticas. A transferência e eventual usurpação das atribuições do Tribunal pelos seus ministros, por intermédio do exercício exacerbado da jurisdição monocrática, têm causado uma forte redução na confiança da sociedade em relação à instituição (ICJ-FGV).[43] Para que possa exercer a sua função precípua de corte constitucional, é fundamental que o Supremo seja liberado de um grande número de tarefas secundárias.

Com uma agenda bem mais restrita de casos, o Supremo poderia melhorar o seu modo de funcionamento. Em primeiríssimo lugar deveriam ser eliminadas, ou ao menos restringidas ao máximo, as competências de natureza monocrática. A autoridade do STF não pode ser exercida de forma fragmentada por cada um de seus ministros. O fato de ser um tribunal irrecorrível, e, portanto, aquele que corre o risco de errar em último lugar, impõe que as suas decisões sejam de natureza colegiada, o que só será possível se o número de casos julgados cair brutalmente.

Com a concentração de suas atividades no campo da jurisdição constitucional, o STF, além de passar a decidir de forma apenas colegiada, também poderia vir a qualificar melhor o seu processo deliberativo. Hoje, sem dúvida, há muito debate entre os ministros, o que é positivo. No entanto, esse debate poderia ser mais qualificado se o número de processos fosse menor, se houvesse mais tempo de preparação e com um maior comedimento por parte de alguns ministros. O exercício da colegialidade é fundamental tanto para salvaguardar a integridade do Tribunal como para conferir maior autoridade à sua jurisprudência. O resultado dessa maior colegialidade deveria ser a produção de decisões escritas que representassem a vontade da maioria do Tribunal, deixando claros quais eram os fatos, a questão jurídica discutida, os critérios para a tomada de decisão, além de qual a regra que se pode extrair da decisão. Sem isso não há um precedente a ser seguido, e o STF não contribui para a estabilização das expectativas.

Quando nos perguntamos qual a decisão do Supremo no caso das células-tronco, por exemplo, fica evidente que há uma multiplicidade de opiniões. Mesmo se pegarmos o voto do relator, o que dali foi aceito pela maioria e o que não foi aceito? Quais são os efeitos precisos do que foi decidido? As decisões precisam deixar de ser vistas como uma somatória aritmética de votos díspares. O sistema jurídico necessita de decisões que correspondam a um maior consenso decorrente de um intenso processo de discussão e deliberação da corte. Sempre deverá haver espaço para votos discordantes e opiniões complementares, claro, mas a maioria deveria ser capaz de produzir uma decisão acordada, um acórdão, que representasse a opinião do Tribunal. Isso daria mais consistência a decisões judiciais de grande impacto político.

Ainda nesse quesito, talvez fosse positivo que o STF começasse a deliberar em pelo menos três etapas. Num primeiro momento deveriam ser selecionados poucos casos da jurisdição difusa a serem julgados no ano judiciário — os de jurisdição concentrada dariam entrada na ordem de chegada. A transparência na construção da agenda é urgente. Num segundo momento seria aberto espaço para as audiências públicas e para as sustentações orais, com a presença obrigatória dos ministros. Posteriormente teríamos as sessões de discussão e julgamento. Após tomada a decisão, aquele que liderou a maioria deveria ser incumbido de redigir o acórdão. É desnecessário que haja onze votos apostados, muitos deles pouco acrescentando, quando não confundindo os jurisdicionados. Com um processo de deliberação mais consistente, o Supremo poderia ter tempo para o estabelecimento de padrões interpretativos mais claros, o que permitiria estabilizar sua própria jurisprudência, bem como a dos tribunais e juízes de primeiro grau.

Por fim, os ministros precisariam se submeter a uma espécie de protocolo mais rigoroso, o que é imperativo para o bom desempenho da função de julgar dentro da mais alta corte de justiça de uma democracia constitucional. A constante interferência no debate público e a ausência de uma postura rígida em relação a conflitos de interesses têm contribuído para a erosão da autoridade do Supremo. Se os ministros estiverem dispostos a buscar reconstruir o capital reputacional do STF, têm que se empenhar em agir de forma mais colegiada, imparcial e com certa discrição.

A redução das competências, a qualificação do processo de deliberação e do modo de confecção de seus acórdãos não irão, por si, resolver a crise pela qual passa o Supremo, mas poderão assegurar uma maior integridade às suas decisões, reduzindo arestas que, em última instância, esgarçaram a própria autoridade do STF nos últimos anos. Isso tem permitido um deslocamento do papel moderador assumido pelo Supremo nas últimas décadas em direção, novamente, aos militares. É essencial que o Supremo recupere sua capacidade e sua autoridade, especialmente num momento em que a Constituição está sendo objeto de constantes ataques.

Conclusão
O paradoxo da democracia

A erosão da democracia pela vontade da maioria é uma antiga preocupação do pensamento político ocidental. O que fazer quando a maioria erra, perguntava Jean-Jacques Rousseau. Essa também parecia ser uma das principais inquietações de James Madison, ao arquitetar o sistema constitucional norte-americano. Se o governo democrático era um antídoto contra a tirania da minoria, como assegurar que a maioria não viesse a se utilizar de seus poderes para usurpar os direitos das minorias?

A resposta do constitucionalismo para proteger a democracia do governo da maioria foi dispersar o poder, criando um sistema de freios e contrapesos, e reconhecer um conjunto de direitos fundamentais, colocando-os a salvo das paixões das maiorias circunstanciais. Assim, ao limitar minimamente a vontade da maioria, contribuiria, paradoxalmente, para ampliar a autonomia e habilitar a vida democrática. Nenhuma geração, muito menos uma mera maioria circunstancial, movida pelo medo, pelo ódio ou pela sedução de um líder carismático, estaria autorizada a suprimir os direitos fundamentais, assim como as prerrogativas das gerações futuras de determinar o seu próprio destino.

A ascensão de Hitler ao poder, em 1933, por meio do voto, agregou dramaticidade às vulnerabilidades da democracia em face da miopia e das paixões da maioria. Fazendo uso de suas atribuições, o Führer promoveu diversas consultas populares e aprovou reformas à Constituição de Weimar com o intuito de concentrar seu poder. Também obteve aprovação da famigerada Lei de Habilitação, que, entre outras medidas, retirou do Judiciário a atribuição de controlar a validade dos atos e leis por ele propostos. O resultado foi uma rápida erosão do sistema constitucional estabelecido em 1919, com as consequências desastrosas que todos conhecemos.

Difícil crer que a mera existência de barreiras constitucionais, como a proibição de emendas que ferissem o núcleo básico da Constituição, ou mesmo uma atuação mais contundente do Judiciário no controle dos atos do Executivo teria sido capaz de barrar, por si só, um movimento tão violento e perverso como o nazismo. Pouco se pode fazer quando uma grande maioria dos cidadãos e de seus líderes abdicam da ideia de coordenar democraticamente suas diferenças e conflitos. Isso não significa, no entanto, que a manutenção de um vigoroso sistema de separação de poderes, de um competitivo sistema partidário, de um extenso rol de garantias de direitos e de autônomas instituições de controle e aplicação da lei não possa contribuir para a prevenção e mesmo a proteção da democracia de ataques eventuais, ainda que oriundos de quem chegou ao poder por intermédio da vontade da maioria.

As traumáticas experiências do totalitarismo, da segregação racial, assim como dos regimes autoritários que assombraram o século XX, levaram a que muitos processos de transição culminassem com a adoção de constituições ambiciosas e cercadas de garantias voltadas a proteger a democracia contra ameaças e tentações autoritárias. Além da adoção de densas cartas de direitos, diversas constituições, formuladas após o final da Segunda Grande Guerra, estabeleceram regimes políticos consensuais e conferiram aos tribunais a incumbência de contribuir para a proteção do regime democrático.

Algumas dessas constituições, como a brasileira, estipularam que determinados direitos e princípios habilitadores do regime democrático e do Estado de direito não podem ser suprimidos, nem sequer por emendas à Constituição, ainda que respaldadas por largas maiorias ou mesmo por manifestações diretas da população. Aos tribunais e cortes constitucionais, portanto, foram conferidas pesadas responsabilidades de zelar pela preservação desse núcleo essencial, que protege as democracias constitucionais.

Há hoje uma larga literatura que discute a eficácia dessas ferramentas. Em *Fragile Democracies*, de 2015, Samuel Issacharoff faz um rico balanço da ação de cortes constitucionais ao tentar proteger a democracia de seus inimigos. Uma primeira estratégia, de natureza mais paternalista, tem sido restringir certos discursos e condutas, e mesmo proibir, em casos extremos, a participação de grupos antidemocráticos no processo eleitoral, como ocorreu nas últimas décadas na Alemanha, na Índia, em Israel ou na Turquia.

Uma segunda estratégia de muitos tribunais, que podemos chamar de habilitadora, tem sido buscar manter os canais democráticos abertos e competitivos, proteger os direitos das minorias, combater a corrupção e restringir as tentativas de concentração de poder nas mãos do Executivo. No limite, essas cortes se dispõem a invalidar leis e mesmo emendas constitucionais que coloquem em risco o processo democrático. O caso colombiano, em que a Corte Constitucional impediu o ex-presidente Uribe de concorrer a um terceiro mandato, é o exemplo mais bem-sucedido desse movimento.

A tarefa, no entanto, não é simples ou isenta de contradições.

Muitos tribunais sucumbiram no caminho, como na Rússia, na Hungria, na Venezuela e, finalmente, na Turquia, depois de décadas de contenção de arroubos autoritários. Os tribunais constitucionais, por mais ativos e proeminentes que possam ser, são apenas uma das ferramentas de garantia da Constituição, e isso não os isenta, no entanto, de cumprirem sua função de guardas desse conjunto de leis. Como busquei argumentar ao longo deste livro, a sobrevivência da Constituição depende de muitos fatores, entre os quais o compromisso dos diversos setores da sociedade, das lideranças políticas e dos atores institucionais com as regras do jogo democrático e seus pressupostos. Se é verdade que as constituições e seus guardiões não podem substituir a política, também é fato que a condução da política à margem das regras e dos procedimentos estabelecidos pela Constituição inevitavelmente degenera em arbítrio e violência.

A onda de hostilidade constitucional que se acumulou nas eleições de 2018 imporá uma responsabilidade adicional aos mecanismos de freios e contrapesos — em especial ao Supremo Tribunal Federal — no sentido de proteger os direitos fundamentais e demais pressupostos da democracia das ameaças que se apresentam em nosso horizonte.

Notas

1. A CONSTITUIÇÃO EM TEMPOS BICUDOS [pp. 15-68]

1. Michel Debrun, A *"conciliação" e outras estratégias*. São Paulo: Brasiliense, 1983.

2. Uso o termo "estamento" aqui não em seu sentido forte, weberiano, como elemento estruturante de uma sociedade hierárquica baseada no prestígio, na honra ou na ascendência, mas sim no sentido mais singelo que lhe empresta Raymundo Faoro, como grupo de pessoas que, ao exercer uma mesma função na sociedade, passa a partilhar os mesmos interesses, visões de mundo, buscando influenciar ou exercer o poder em benefício dessas mesmas visões e interesses.

3. Mark Tushnet, "Constitutional Hardball". *John Marshall Law Review*, Washington, v. 37, n. 2, pp. 523-53, 2004.

4. A expressão "tempos bicudos" está certamente associada ao termo "bicuda", que designava, desde as caravelas, as facas pontiagudas. "Tempos bicudos" seriam aqueles em que as diferenças se resolvem na "ponta da faca". Em *O vapor dos traficantes*, Recife, n. 260, 1860, Francisco Pereira da Costa deixa claro o sentido do termo: "E por segurança me pus afastado, temendo as bicudas". Mário de Andrade também brinca com o termo em *Macunaíma*: ao decidir vingar-se da constante fornicação entre sua companheira Suzi e seu irmão Macunaíma, Jiguê "foi afiar a bicuda". Agradeço a meu querido e erudito colega André Correa pelo esclarecimento.

5. Larry Diamond, "Facing up to the Democratic Recession". *Journal of De-*

mocracy, Washington, v. 26, n. 1, pp. 141-55, 2015; Aziz Huq e Tom Ginsburg, "How to Lose a Constitutional Democracy". *UCLA Law Review*, Los Angeles, v. 65, 2018.

6. Jack Balkin, "Constitutional Rot and Constitutional Crisis". Balkinization, 2017. Disponível em: <https://balkin.blogspot.com/2017/05/constitutional-rot-and-constitutional.html>. Acesso em: 4 ago. 2018.

7. Barrington Moore Jr., *Injustice: The Social Bases of Obedience and Revolt*. Londres: Palgrave Macmillan, 1978; Alexis de Tocqueville, *O Antigo Regime e a Revolução*. São Paulo: Martins Fontes, 2016.

8. Ver, nesse sentido, "Uma ponte para o futuro", documento preparado em 2015 para a Fundação Ulysses Guimarães por um conjunto de economistas de orientação liberal.

9. Celso Rocha de Barros, "O Brasil e a recessão democrática", *piauí*, Rio de Janeiro, n. 138, abr. 2018.

10. Revelador dessa estratégia foi o diálogo divulgado entre Sérgio Machado, ex-presidente da Transpetro, e o então ministro do Planejamento do governo Temer, Romero Jucá, em que este último propõe um pacto voltado a "estancar essa sangria [...] com o Supremo, com tudo". Rubens Valente, "Em diálogos gravados, Jucá fala em pacto para deter avanço da Lava Jato", *Folha de S.Paulo*, 23 maio 2016, p. A5.

11. André Singer, *O lulismo em crise*. São Paulo: Companhia das Letras, 2018, p. 23.

12. Marcus André Melo, "A *malaise* política no Brasil: Causas reais e imaginárias". *Journal of Democracy*, São Paulo, v. 6, n. 2, pp. 69-95, out. 2017.

13. Fernando Henrique Cardoso, Miguel Darcy de Oliveira e Sergio Fausto, *Crise e reinvenção da política no Brasil*. São Paulo: Companhia das Letras, 2018, p. 19.

14. Roberto Gargarella, *La sala de máquinas de la Constituición: Dos siglos de constitucionalismo en América Latina (1810-2010)*. Buenos Aires: Katz, 2014.

15. Guillermo O'Donnell, "Transições, continuidades e alguns paradoxos", em Fábio Wanderley Reis; Guillermo O'Donnell (Orgs.), *A democracia no Brasil: Dilemas e perspectivas*. São Paulo, Vértice: 1988, pp. 64 ss.

16. Oscar Vilhena Vieira, *A Constituição e sua reserva de justiça: Um ensaio sobre os limites materiais ao poder de reforma*. São Paulo: Malheiros, 1997.

17. Boris Fausto, *História do Brasil*. São Paulo: Edusp, 2013, p. 446.

18. Tom Ginsburg, *Judicial Review in New Democracies: Constitutional Courts in Asian Cases*. Cambridge: Cambridge University Press, 2003.

19. A Constituição adotou uma regra bastante flexível para ser emendada: basta a obtenção de maioria de três quintos em ambas as Casas do Congresso

Nacional. Essa regra, no entanto, não vale para alteração que ameace abolir a forma federativa de Estado, o voto direto, secreto, universal e periódico, a separação dos poderes e os direitos e garantias individuais (artigo 60, incisos e parágrafos da Constituição Federal). Criou-se, por intermédio desse dispositivo, uma Constituição com dois níveis de rigidez.

20. Giovanni Sartori, *Engenharia constitucional: Como mudam as constituições*. Brasília: Editora UnB, 1996.

21. Argelina Cheibub Figueiredo e Fernando Limongi, *Executivo e Legislativo na nova ordem constitucional*. Rio de Janeiro: Editora FGV; Fapesp, 2001.

22. Marta Arretche, "Democracia e redução da desigualdade econômica no Brasil: A inclusão dos outsiders". *Revista Brasileira de Ciências Sociais*, São Paulo, v. 33, n. 96, pp. 1-23, 2018.

23. Marcus André Melo, "A *malaise* política no Brasil", op. cit.

24. De acordo com o *Oxford Dictionary*, o temo crise tem origem na palavra grega *krisis*, que significa decisão. Três são os sentidos em que o termo é empregado: tempo de intensa dificuldade e perigo; tempo em que uma decisão difícil e importante deve ser feita; e momento-chave (*turning point*) de uma doença em que uma importante mudança está ocorrendo, indicando a sobrevivência ou a morte do organismo.

25. Sanford Levinson e Jack M. Balkin, "Constitutional Crises". *University of Pennsylvania Law Review*, Filadélfia, v. 157, n. 3, pp. 707-53, 2008.

26. James Madison, Alexander Hamilton e James Jay, *O Federalista*. Brasília: Editora UnB, 1984, n. 51. Coleção Pensamento Político, v. 62.

27. Stephen Holmes, *Passions and Constraint: On the Theory of Liberal Democracy*. Chicago: University of Chicago Press, 1995.

28. Oscar Vilhena Vieira, *A Constituição e sua reserva de justiça*, op. cit.

29. Carl Schmitt, *Dictatorship*. Cambridge: Polity, 2014.

30. Larry Diamond, "Facing up to the Democratic Recession", op. cit.

31. Carl Schmitt, *Political Theology: Four Chapters on the Concept of Sovereignty*. Chicago: University of Chicago Press, 2005.

32. Sanford Levinson e Jack Balkin, "Constitutional Crises", op. cit., pp. 721 ss.

33. Mark Tushnet, "Constitutional Hardball", op. cit., 2004.

34. Steven Levitsky e Daniel Ziblatt, *How Democracies Die*. Nova York: Crown, 2018.

35. Jack Balkin, "Constitutional Crisis and Constitutional Rot". Yale Law School Legal Scholarship Repository, pp. 150 ss., 2017.

36. Agradeço a meu colega Rubens Glezer, da FGV Direiro SP, que me alertou para o fato de que a partir de um grau de degeneração o jogo passou a ser outro.

37. Índice de Confiança na Justiça Brasileira — FGV Direito SP. Disponível

em: <http://bibliotecadigital.fgv.br/dspace/handle/10438/6618>. Acesso em: 4 ago. 2018.

38. Raymundo Faoro, *Os donos do poder: Formação do patronato político brasileiro*. São Paulo: Biblioteca Azul, 2008, pp. 819 ss.

39. Sérgio Fernando Moro, "Considerações sobre a Operação Mani Pulite". *Revista CEJ*, Brasília, v. 8, n. 26, pp. 56-62, 2004.

40. O STF, por maioria de seis a cinco, em 14 jun. 2018, restringiu o emprego das conduções coercitivas ao julgar a ADPF 395, proposta pelo PT, e a ADPF 444, proposta pela OAB; as conduções coercitivas já haviam sido suspensas por medida liminar concedida pelo ministro Gilmar Mendes em dez. 2017.

41. HC 126.292, rel. min. Teori Zavascki, Tribunal Pleno, julg. 17.02.2016, DJe 16.05.2016.

42. HC 84.078, rel. min. Eros Grau, Tribunal Pleno, julg. 05.02.2009, DJe 26.02.2010.

43. Cass R. Sunstein, *Impeachment: A Citizen's Guide*. Cambrigde; Londres: Harvard University Press, 2017; Laurence Tribe e Joshua Matz, *To End a Presidency: The Power of Impeachment*. Nova York: Basic Books, 2018.

44. Carlos Luz e Café Filho também foram afastados pelo parlamento, mas sem qualquer atenção aos procedimentos do processo de impeachment. Nesse sentido, foram simples golpes parlamentares.

45. Essa influência foi diagnosticada por Eloisa Machado em entrevista. "Pesquisadora explica como STF influenciou no impeachment". Blog do Sakamoto, 4 nov. 2016. Disponível em: <https://blogdosakamoto.blogosfera.uol.com.br/2016/11/04/pesquisadora-explica-como-stf-influenciou-no-impeachment/>. Acesso em: 4 ago. 2018.

46. Disponível em: <http://www.fundacaoulysses.org.br/wp-content/uploads/2016/11/UMA-PONTE-PARA-O-FUTURO.pdf>. Acesso em: 4 ago. 2018.

47. Steven Levitsky e Daniel Ziblatt, *How Democracies Die*, op. cit.

48. Maria Hermínia Tavares de Almeida, "Os insatisfeitos e a democracia". Disponível em: <https://www1.folha.uol.com.br/colunas/maria-herminia-tavares-de-almeida/2018/08/os-insatisfeitos-e-a-democracia.shtml>. Acesso em: 15 ago 2018.

2. A IDEIA DE CONSTITUIÇÃO [pp. 69-131]

1. Samuel Edward Finer, Vernon Bogdanor e Bernard Rudden, *Comparing Constitutions*. Oxford: Clarendon, 1995, p. 1.

2. Stephen Holmes, *Passions and Constraint*, op. cit., pp. 134 ss.; Russell Har-

din, "Why a Constitution?", em Denis J. Galligan, Mila Versteeg (Orgs.), *Social and Political Foundations of Constitutions*. Cambridge: Cambridge University Press, pp. 51-72, 2013.

3. Oscar Vilhena Vieira, *A Constituição e sua reserva de justiça*, op. cit.

4. Hannah Arendt, *Da revolução*. Brasília: Editora UnB; São Paulo: Ática, 1988.

5. Thomas Paine, *Os direitos do homem: Uma resposta ao ataque do sr. Burke à Revolução Francesa*. Petrópolis: Vozes, 1989, p. 60.

6. Ibid.

7. Charles Howard McIlwain, *Constitutionalism: Ancient and Modern*. Indianapolis: Liberty Fund, 2010.

8. Giovanni Sartori, "Constitutionalism: A Preliminary Discussion". *The American Political Science Review*, Cambridge, v. 56, n. 4, pp. 859 ss., 1962.

9. Carl Joachim Friedrich, *Gobierno constitucional y democracia: Teoría y práctica en Europa y América*. Madri: Instituto de Estudios Políticos, 1975.

10. Carl Schmitt, *Teoría de la constitución*. Madri: Alianza, 1982.

11. *Marbury v. Madison*. US Supreme Court, 1803.

12. John Locke, *Segundo tratado sobre o governo civil*. São Paulo: Abril, 1978; Immanuel Kant, *Kant: Political Writings*. Cambridge: Cambridge University Press, 1991.

13. J.-J. Rousseau, *O contrato social*. São Paulo: Abril Cultural, 1997.

14. John Locke, *Segundo tratado sobre o governo civil*, op. cit.; Thomas Hobbes, *Leviatã*. São Paulo: Abril Cultural, 1974.

15. David Hume, *Ensaios morais, políticos e literários*. São Paulo: Abril Cultural, 1973.

16. Emmanuel Joseph Sieyès, *A constituinte burguesa: Que é o terceiro estado?*. Rio de Janeiro: Lumen Juris, 2001; Thomas Paine, *Os direitos do homem*, op. cit.; Bruce Ackerman, *We the People*. Cambridge: Belknap, 1993. v. 1: Foundations.

17. James Madison, Alexander Hamilton e James Jay. *O Federalista*, op. cit., n. 9.

18. Charles Howard McIlwain, *Constitutionalism*, op. cit., p. 5.

19. Edmund Burke, *Reflexões sobre a revolução em França*. Brasília: Editora UnB, 1982.

20. Uso o termo conservador no sentido que lhe é emprestado em Karl Mannheim, "O pensamento conservador", em José de Souza Martins (Org.), *Introdução crítica à sociologia rural*. São Paulo: Hucitec, 1986, pp. 77-131.

21. Karl Marx, *A questão judaica*. Petrópolis: Vozes, 2007.

22. Giovanni Sartori, "Constitutionalism: A Preliminary Discussion", op. cit, p. 855.

23. Benjamin Constant, *Escritos de política*. São Paulo: Martins Fontes, 2005.

24. Max Weber, "A ciência como vocação". In: *Ensaios de sociologia*. Rio de Janeiro: Zahar, 1982, p. 165.

25. Hans Kelsen, *Teoria pura do direito*. 2. ed. Coimbra: Armênio Amado, 1962, v. 2, pp. 65-6.

26. Carl Schmitt, *La defensa de la constitución: Estudio acerca de las diversas especies y posibilidades de salvaguardia de la constitución*. Madri: Tecnos, 1998.

27. Id., *Teoría de la constitución*, op. cit., p. 120.

28. Dieter Grimm, *Constitutionalism: Past, Present, and Future*. Oxford: Oxford University Press, 2016.

29. Oscar Vilhena Vieira, Upendra Baxi e Frans Viljoen, *Transformative Constitutionalism: Comparing the Apex Courts of Brazil, India and South Africa*. Pretória: Pretoria University Law Press, 2013.

30. Arend Lijphart, *Patterns of Democracy: Government Forms and Performance in Thirty-Six Countries*. New Haven: Yale University Press, 1999.

31. Oscar Vilhena Vieira, *A Constituição e sua reserva de justiça*, op. cit.

32. Bruce Ackerman, *We the People*, op. cit.

33. Oscar Vilhena Vieira, *Supremo Tribunal Federal: Jurisprudência política*. São Paulo: Malheiros, 2002; Mauro Cappelletti, *O controle judicial de constitucionalidade das leis no direito comparado*. Porto Alegre: Fabris, 1996.

34. Hans Kelsen, *Jurisdição constitucional*. São Paulo: Martins Fontes, 2007.

35. Bruce Ackerman, "The New Separation of Powers". *Harvard Law Review*, Cambridge, v. 113, n. 3, pp. 633-729, 2000.

36. Aníbal Pérez-Liñán, *Presidential Impeachment and the New Political Instability in Latin America*. Nova York: Cambridge University Press, 2007.

37. Oscar Vilhena Vieira, *Direitos fundamentais: Uma leitura da jurisprudência do STF*. São Paulo: Malheiros, 2017.

38. John Hart Ely, *Democracy and Distrust: A Theory of Judicial Review*. Cambridge: Harvard University Press, 1980.

39. Adam Przeworski, *Capitalismo e social-democracia*. São Paulo: Companhia das Letras, 1989.

40. David S. Law; Mila Versteeg, "Sham Constitutions". Washington University in St. Louis, *Legal Studies Research Papers Series*, Paper 12.02-02, pp. 863-952, 2013.

41. Francisco José de Oliveira Viana, *Instituições políticas brasileiras*. Belo Horizonte: Itatiaia, 1987; Ferdinand Lassalle, *A essência da Constituição*. Rio de Janeiro: Liber Juris, 1987.

42. Thomas Hobbes, *Leviatã*. São Paulo: Abril Cultural, 1983, p. 103.

43. John Locke, *Segundo tratado sobre o governo civil*, op. cit.

44. J.-J. Rousseau, *O contrato social*, op. cit., p. 73.
45. Ibid., p. 173.
46. Montesquieu, *O espírito das leis*. Brasília: Editora UnB, 1982.
47. Edmund Burke, *Reflexões sobre a revolução em França*, op. cit., pp. 90 ss.
48. Ferdinand Lassalle, *A essência da Constituição*, op. cit.
49. Francisco José de Oliveira Viana, *Instituições políticas brasileiras*, op. cit., p. 34.
50. Ibid., pp. 374-5.
51. James Madison, Alexander Hamilton e James Jay. *O Federalista*, op. cit.
52. Russell Hardin, "Why a Constitution?", op. cit., p. 61.
53. Steven Levitsky e Daniel Ziblatt, *How Democracies Die*, op. cit.
54. Stephen Holmes, "Lineages of the Rule of Law", em José María Maravall e Adam Przeworski (Orgs.), *Democracy and the Rule of Law*. Cambridge: Cambridge University Press, 2003, p. 19.
55. Stephen Holmes, "Constitutions and Constitutionalism", em Michel Rosenfeld e András Sajó (Orgs.), *The Oxford Handbook of Comparative Constitutional Law*. Oxford: Oxford University Press, 2018, p. 198.
56. Ibid., p. 207.
57. Edward Palmer Thompson, *Senhores e caçadores: A origem da lei negra*. Rio de Janeiro: Paz e Terra, 1987, pp. 348 ss.

3. DO COMPROMISSO MAXIMIZADOR À RESILIÊNCIA CONSTITUCIONAL [pp. 132-60]

1. Roberto Campos. *A lanterna na popa: Memórias*. Rio de Janeiro: Topbooks, 1994, v. 2, p. 1183.
2. Ibid., loc. cit.
3. Ibid, loc. cit.
4. Russell Hardin, "Why a Constitution?", op. cit., p. 61.
5. A Assembleia Constituinte foi instalada em 1º fev. 1987 e promoveu sua última votação em 22 set. 1988.
6. Oscar Vilhena Vieira et al., *Resiliência constitucional: Compromisso maximizador, consensualismo político e desenvolvimento gradual*. São Paulo: Direito FGV, 2013, p. 35.
7. Cláudio Gonçalves Couto e Rogério Bastos Arantes, "Constituição, governo e democracia no Brasil". *Revista Brasileira de Ciências Sociais*, São Paulo, v. 21, n. 61, pp. 41-62, 2006.

8. Antônio Sérgio Rocha, "Genealogia da Constituinte: Do autoritarismo à democratização". *Lua Nova*, São Paulo, n. 88, pp. 37-8, 2013.

9. Aprovado em 13 abr. 1977.

10. "Carta aos brasileiros", disponível em: <http://revistaepoca.globo.com/Revista/Epoca/0,,EDR79233-5856,00.html>. Acesso em: 5 ago. 2018.

11. Antônio Sérgio Rocha, "Genealogia da Constituinte", op. cit., p. 41.

12. Jefferson O. Goulart, "Processo constituinte e arranjo federativo". *Lua Nova*, São Paulo, n. 88, p. 190, 2013.

13. Francisco Whitaker et al., *Cidadão constituinte: A saga das emendas populares*. Rio de Janeiro: Paz e Terra, 1989.

14. Antônio Sérgio Rocha, "Genealogia da Constituinte". op. cit., p. 57.

15. Raymundo Faoro, *Assembleia Constituinte: A legitimidade recuperada*. São Paulo: Brasiliense, 1981.

16. Antônio Sérgio Rocha, "Genealogia da Constituinte", op. cit., p. 64.

17. Ibid., p. 63.

18. Adriano Pilatti, *A Constituinte de 1987-1988: Progressistas, conservadores, ordem econômica e regras do jogo*. Rio de Janeiro: Editora PUC-Rio, 2008, pp. 23-4.

19. Ibid., p. 28.

20. Ibid., pp. 49-52.

21. Miguel Reale Jr., "Pacto por ações concretas". *Folha de S.Paulo*, 11 out. 2003, p. A3. Disponível em: <https://www1.folha.uol.com.br/fsp/opiniao/fz1110200309.htm>. Acesso em: 6 ago. 2018.

22. De acordo com Pilatti, das oito comissões, seis foram ocupadas pelos progressistas José Paulo Bisol, Egídio Ferreira Lima, José Serra, Severo Gomes, Almir Gabriel e Artur da Távola, uma pelo moderado José Richa e uma pelo conservador Prisco Viana; já no campo das 24 subcomissões, a divisão ficou mais equilibrada, sendo doze atribuídas a progressistas, onze a conservadores e uma a um moderado. Adriano Pilatti, *A Constituinte de 1987-1988*, op. cit., pp. 64-5.

23. André Magalhães Nogueira, "Assembleia Nacional Constituinte de 1987-88", em Alzira Alves de Abreu (Org.). *Atlas histórico do Brasil*. Rio de Janeiro: Editora FGV, 2016. Disponível em: <https://atlas.fgv.br/verbete/5742>. Acesso em: 6 ago. 2018.

24. Adriano Pilatti, *A Constituinte de 1987-1988*, op. cit., p. 151.

25. Ibid., p. 191.

26. Jefferson Goulart, "Processo constituinte e arranjo federativo", op. cit., p. 186.

27. Adriano Pilatti, *A Constituinte de 1987-1988*, op. cit., p. 222.

28. Ibid., p. 306.

4. SUPREMOCRACIA EM CRISE [pp. 161-214]

1. Leda Boechat Rodrigues, *História do Supremo Tribunal Federal*. Rio de Janeiro: Civilização Brasileira, 1965, p. 1.
2. Alfred C. Stepan, *The Military in Politics: Changing Patterns in Brazil*. Princeton: Princeton University Press, 2015.
3. A participação do Supremo Tribunal Federal ocorreu de modo extraoficial, conforme relatado pelo ministro Sydney Sanches em entrevista para o projeto História Oral do Supremo Tribunal Federal. Com a notícia de que Tancredo Neves não tomaria posse, suscitou-se a dúvida quanto a quem deveria sucedê-lo na Presidência: se José Sarney, eleito vice-presidente, ou Ulysses Guimarães, presidente da Câmara. Vislumbrando a possibilidade de que a dúvida fosse levada ao Tribunal e para ter uma resposta institucional que garantisse a efetiva transição, os ministros então se reuniram antecipadamente para deliberar sobre a matéria. Ao fim, a questão acabou não sendo judicializada, mas o ex-ministro Sydney Sanches, em seu relato, supõe que a opinião do Tribunal tenha sido levada em conta, em uma espécie de consulta informal. Fernando de Castro Fontainha, Marco Aurélio Vannucchi Leme de Mattos e Leonardo Seiichi Sasada Sato (Orgs.). *História oral do Supremo (1988-2013)*. Rio de Janeiro: FGV Direito Rio, 2015. v. 5: *Sydney Sanches*, pp. 112-6.
4. Oscar Vilhena Vieira, "Supremocracia". *Revista Direito GV*, São Paulo, v. 4, n. 2, pp. 441-63, 2008.
5. Houve uma ampliação no rol de atores autorizados a propor ações constitucionais. Para além do procurador-geral da República, que no regime constitucional anterior tinha a exclusividade na atribuição de representar pela inconstitucionalidade de atos normativos perante o STF, a Constituição de 1988 também confere legitimidade a partidos políticos, ao presidente da República, à Mesa do Senado Federal, à Mesa da Câmara dos Deputados, à Mesa de Assembleia Legislativa ou da Câmara Legislativa do Distrito Federal, ao governador dos estados ou do Distrito Federal, ao Conselho Federal da Ordem dos Advogados do Brasil e a confederações sindicais ou entidades de classe de âmbito nacional (artigo 103 da Constituição Federal).
6. O Supremo Tribunal Federal consolidou o entendimento de que, nas ações de controle abstrato de constitucionalidade, não está limitado aos fundamentos que o autor da ação traz na petição inicial. Essa particularidade decorreria do fato de que o controle de constitucionalidade configura processo objetivo, no qual se questiona determinado dispositivo legal em abstrato, sem envolver propriamente partes (autor e réu). (Cf. ADI 1.358-MC/DF, rel. min. Sydney Sanches, DJU de 26.04.1996.) Ainda que em regra isso não exima o Tribunal de

ater-se ao pedido (incidindo o artigo 490 do Código de Processo Civil), a jurisprudência do Tribunal já flexibilizou essa regra. Um exemplo é a noção de inconstitucionalidade por arrastamento, que autoriza o Tribunal a declarar a inconstitucionalidade de dispositivos não impugnados no pedido original, mas com que tenham relação lógica com as normas impugnadas e que, por isso, seriam afetados pela decisão proferida. (Cf. ADI 2982-CE, rel. min. Gilmar Mendes, DJU 17.06.2004.)

7. Roberto Gargarella, Pilar Domingo e Theunis Roux (Orgs.), *Courts and Social Transformation in New Democracies: An Institutional Voice for the Poor?* Londres: Ashgate, 2006.

8. C. Neal Tate e Torbjörn Vallinder (Orgs.), *The Global Expansion of Judicial Power*. Nova York: New York University Press, 1995; Martin Shapiro e Alec Stone Sweet, *On Law, Politics, & Judicialization*. Oxford; Nova York: Oxford University Press, 2002.

9. Esta é a tese central de Ran Hirschl, *Towards Juristocracy: The Origins and Consequences of the New Constitutionalism* (Cambridge: Harvard University Press, 2009). O argumento sobre por que a democracia se torna uma ameaça à lógica de mercado também é desenvolvido em Robert D. Cooter, "Decentralized Law for a Complex Economy: The Structural Approach to Adjudicating the New Law Merchant" (*University of Pennsylvania Law Review*, Filadélfia, v. 144, n. 5, pp. 1643-96, 1996).

10. Ran Hirschl, *Towards Juristocracy*, op. cit.

11. Antoine Garapon, *Le Gardien des promesses: Justice et démocratie*. Paris: Odile Jacob, 1996.

12. José Joaquim Gomes Canotilho, *Constituição dirigente e vinculação do legislador: Contributo para a compreensão das normas constitucionais programáticas*. Coimbra: Coimbra, 2001.

13. Tom Ginsburg, *Judicial Review in New Democracies*. op. cit.; Oscar Vilhena Vieira. *Direitos fundamentais*, op. cit.

14. Oscar Vilhena Vieira, *A Constituição e sua reserva de justiça*, op. cit.

15. Ver, em especial, Virgílio Afonso da Silva, *A constitucionalização do direito: Os direitos fundamentais nas relações entre particulares* (Edição do autor, 2004); e também Gustavo Binenbojm, *A nova jurisdição constitucional brasileira: Legitimidade democrática e instrumentos de realização* (Rio de Janeiro: Renovar, 2010).

16. Nino Garoupa; Tom Ginsburg, *Judicial Reputation: A Comparative Theory*. Chicago: The University of Chicago Press, 2015, cap. 1.

17. Marcos Paulo Verissimo, "A Constituição de 1988, vinte anos depois: Suprema Corte e ativismo judicial 'à brasileira'". *Revista Direito GV*, São Paulo, v. 4, n. 2, pp. 407-40, 2008.

18. Joaquim Falcão, Pablo de Camargo Cerdeira e Diego Werneck Arguelhes, "I Relatório do Supremo em Números: O múltiplo Supremo". *Revista de Direito Administrativo*, Rio de Janeiro, v. 262, pp. 399-452, 2013.

19. Marcos Paulo Verissimo, "A Constituição de 1988, vinte anos depois", op. cit., p. 419.

20. Dimitri Dimoulis e Soraya Regina Gasparetto Lunardi, "Definição da pauta no Supremo Tribunal Federal e (auto)criação do processo objetivo", em *Anais do XVII Congresso Nacional do Conpedi*, Brasília, 2008. pp. 4357-77.

21. Desde a introdução da repercussão geral, o STF só adentra na análise do mérito dos recursos extraordinários caso entenda que possuem relevância econômica, social, política ou jurídica que transcenda os interesses das partes envolvidas no processo (nos termos do art. 102, §3º, CF, introduzido pela EC 45/2004 e regulamentado pelo artigo 543-A do CPC/73, atual art. 1035, caput e §1º do CPC/15). A criação desse requisito adicional representou um filtro ao acesso ao Supremo, por meio de um juízo de relevância que compete ao próprio Tribunal.

22. A introdução da súmula vinculante conferiu a possibilidade de que o STF, após reiteradas decisões sobre determinado assunto, aprove enunciado que obriga a administração pública e demais órgãos do Judiciário a seguirem a jurisprudência do Tribunal. Ela se diferencia das súmulas em geral justamente por não ser uma mera recomendação. Na hipótese de não observância do entendimento, cabe o ajuizamento direto de reclamação perante o Supremo (art. 103-A, da Constituição Federal, também introduzido pela EC 45/2004).

23. A figura do *amicus curiae* indica o ator que, mesmo não sendo parte formal do processo, busca prestar informações qualificadas sobre a matéria a ser discutida (artigo 138 do Código de Processo Civil). Se a noção tradicional do instituto era permitir que terceiros fornecessem informações úteis e neutras para colaborar com uma decisão bem fundamentada (cf. Cassio Scarpinella Bueno, *Amicus curiae no processo civil brasileiro: Um terceiro enigmático*. 2. ed. São Paulo: Saraiva, 2008, p. 147), hoje já é difundida a constatação de que funciona como um instrumento para a atuação da sociedade civil e de outros grupos de interesse em defesa de suas agendas. (Cite-se, no Brasil, Eloisa Machado de Almeida, *Sociedade civil e democracia: A participação da sociedade civil como* amicus curiae *no Supremo Tribunal Federal*. São Paulo: Pontifícia Universidade Católica de São Paulo, 2006. Dissertação de mestrado em Direito.)

24. Na elaboração do quadro, as siglas foram aglutinadas somente na hipótese de mudança na denominação, mas não no caso de fusão com outro partido existente. Assim, o Partido da Frente Liberal, que alterou sua denominação para Democratas em 2007, foi indicado como PFL/ DEM. O Partido Comunista Brasi-

leiro, que alterou sua denominação para Partido Popular Socialista em 1992, foi indicado por PCB/ PPS. Por fim, o Partido Democrata Cristão, que em 1995 alterou sua denominação para Partido Social Democrata Cristão, foi indicado por PDC/ PSDC (mas não figurou discriminado na versão reduzida da tabela porque possuía menos de dez ADIS ajuizadas). As informações a respeito da denominação dos partidos foram obtidas a partir do site do TSE (Disponível em: <http://www.tse.jus.br/arquivos/tse-historico-partidos-politicos>. Acesso em: 22 jun. 2018).

25. Jeferson Mariano Silva, Jurisdição Constitucional no Brasil (1988-2016). Banco de dados. Harvard Dataverse, 2017. Banco de dados aberto disponível em: <http://doi.org/10.7910/DVN/LIH0FS>. Acesso em: 22 jun. 2018. O banco de dados contém informações sobre todas as ações diretas de inconstitucionalidade propostas ao STF desde 5 out. 1988 até 31 dez. 2016, e considera como data de propositura a data no primeiro andamento disponível na página de acompanhamento processual, no site do STF.

26. Os dados anteriores a 1988 não estão mais disponíveis no site do STF. Os dados foram obtidos em Carlos Mário da Silva Velloso, "Do Poder Judiciário: Como torná-lo mais ágil e dinâmico: Efeito vinculante e outros temas" (*Revista de Informação Legislativa*, Brasília, v. 35, n. 138, pp. 75-87, 1998).

27. Octavio Luiz Motta Ferraz, "Between Usurpation and Abdication? The Right to Health in the Courts of Brazil and South Africa", em Oscar Vilhena Vieira, Upendra Baxi e Frans Viljoen (Orgs.), *Transformative Constitutionalism*, op. cit., pp. 375 ss.

28. Alguns direitos subjetivos são assegurados na Constituição Federal, mas não têm seu exercício completamente disciplinado em seu texto. Nesses casos, a Constituição se limita a garantir o direito em abstrato e conferir ao Legislativo o dever de editar uma lei específica para regulamentar a forma como esse direito será exercido. Quando o Congresso Nacional deixa de editar a lei regulamentadora em prazo razoável, indivíduos ou grupos que, por conta da ausência de lei regulamentadora, não conseguem exercer seu direito constitucionalmente garantido podem se valer do mandado de injunção.

29. As circunstâncias fáticas do MI 670-ES podem exemplificar o conceito de omissão legislativa. O caso envolve o direito previsto no artigo 37, VII, da Constituição Federal, que garante a servidores públicos o direito de greve, mas estabelece que este será exercido "nos termos e nos limites definidos em lei específica". Nesse contexto, o Sindicato dos Servidores Policiais Civis do Estado do Espírito Santo impetrou o referido mandado de injunção, já que a ausência de lei específica impedia que esse grupo exercesse seu direito de greve.

30. Na ausência de previsão legal, duas posições extremas quanto ao objeto

da ação seriam possíveis: de um lado, a posição de que seu objetivo seria efetivamente suprir a norma faltante, ou seja, que o mandado de injunção teria por objetivo solicitar que o Judiciário garantisse a eficácia do direito, indicando parâmetros segundo os quais esse direito poderia ser exercido. De outro lado, a defesa de que o Judiciário não estaria autorizado a suprir a norma regulamentadora. De acordo com esse raciocínio, o mandado de injunção teria por objetivo meramente solicitar ao Judiciário uma declaração de que o órgão competente tardou na regulamentação (declaração de mora legislativa), como uma forma de estimular ou pressionar que este enfim editasse a norma regulamentadora. Para exposição das posições e defesa da primeira delas, José Afonso da Silva. *Curso de direito constitucional positivo* (São Paulo: Malheiros, 2001, p. 452).

31. Em reviravolta jurisprudencial, o STF passou a estabelecer que, na ausência de lei regulamentadora, o Judiciário está autorizado a editar os parâmetros que regulem o exercício do direito. No caso em questão, o Tribunal indicou que, enquanto o Legislativo não editasse lei específica, o direito de greve dos servidores deveria ser regido pela lei de greve para os trabalhadores em geral (lei nº 7783/89) (MI 670-ES, rel. min. Maurício Corrêa, julg. 25 out. 2007).

32. A medida provisória 173 vedava a concessão de liminar em mandado de segurança, ações ordinárias ou cautelares que tivessem por objeto determinado conjunto de medidas provisórias editadas pelo governo Collor (MPS 151, 154, 158, 160, 161, 162, 165, 167 e 168). Se um indivíduo, por exemplo, se sentisse lesado pelo bloqueio da liquidez de seu patrimônio e ajuizasse pleito, a MP 173 proibia a concessão de liminar.

33. MS 21.564-DF.

34. Octavio Luiz Motta Ferraz, "Harming the Poor through Social Rights Litigation: Lessons from Brazil". *Texas Law Review*, Austin, v. 89, pp. 1643-68, 2010.

35. Oscar Vilhena Vieira, Upendra Baxi e Frans Viljoen, *Transformative Constitutionalism*, op. cit.

36. Adriana Ancona de Faria. *O ativismo judicial do STF no campo político-eleitoral: Riscos antidemocráticos*. São Paulo: Pontifícia Universidade Católica de São Paulo, 2013. Tese de doutorado em Direito.

37. O desmembramento tem consequências significativas porque, se ocorrer, os processos desses réus não detentores de foro por prerrogativa de função são encaminhados à Justiça comum. Por outro lado, se a unidade de julgamento for mantida, o processo que seria julgado na Justiça comum é atraído ao Supremo. Em 2014, o Tribunal passou a entender que o desmembramento deve ser considerado regra geral, ou seja, passou-se a entender que o STF deve manter sob sua jurisdição somente os processos que envolvam autoridades com prerrogati-

va de foro (AgR. Inq. 3515, rel. min. Marco Aurélio, DJE 14 mar. 2014). O interesse em permanecer sob a jurisdição do Supremo pode estar relacionado a uma eventual expectativa, por parte do indivíduo, de que o trâmite de seu processo perante o STF seja menos célere do que seria na Justiça comum, o que retardaria uma possível condenação.

38. Diego Werneck Arguelhes e Leandro Molhano Ribeiro, "Ministrocracia: O Supremo Tribunal individual e o processo democrático brasileiro". *Novos Estudos Cebrap*, São Paulo, v. 37, n. 1, pp. 13-32, 2018.

39. Com a instauração do processo de impeachment, era preciso que se elegesse a Comissão Especial. Inexistia qualquer indicação, na Lei do Impeachment (lei nº 1079/50), a respeito da forma do voto para a eleição dos membros da Comissão Especial (se secreto ou se aberto). Com motivações estratégicas, o então presidente da Câmara Eduardo Cunha determinou que a votação deveria ser secreta e que estariam autorizadas chapas avulsas, não indicadas pelos líderes dos partidos. Com base nesse critério, e a despeito do tumulto na sessão, a votação secreta ocorreu e chegaram a ser eleitos 39 parlamentares, de chapa avulsa e oposicionista. Contudo, diante da controvérsia, a instalação da comissão de impeachment foi liminarmente suspensa pelo ministro Edson Fachin em 8 dez. 2015, em sede da ADPF 378. Em um dos pontos da decisão de mérito da mesma ação, julgada na semana seguinte, o Tribunal, por maioria, determinou que a eleição da Comissão Especial deveria ser necessariamente aberta, proibidas chapas avulsas. Em virtude da decisão, a eleição da Comissão Especial foi anulada e exigiu-se uma nova realização da votação. Talita Abrantes, "Oposição vence eleição para formar comissão do impeachment". *Exame*, 8 dez. 2015. Disponível em: <https://exame.abril.com.br/brasil/oposicao-vence-votacao-para-formar-comissao-do-impeachment/>. Acesso em: 22 jun. 2018; e ADPF 378, rel. min. Edson Fachin, julg. 16 dez. 2015.

40. A decisão monocrática do ministro Teori Zavascki (posteriormente referendada pelo tribunal) concluiu pela excepcional necessidade de afastamento porque o deputado Eduardo Cunha se encontrava na condição de investigado perante o STF, e seu cargo conferia-lhe acesso privilegiado a meios para efetivamente obstruir investigações, colocando-as em risco. Além disso, sua permanência conspiraria contra a dignidade da instituição, em especial quando esta tem o poder de decidir sobre a prisão de parlamentares e, ao mesmo tempo, é composta por muitos deputados que também são alvo de investigações (AC 4070, rel. min. Teori Zavascki, decisão de 4 maio 2016).

41. Tramitam no STF duas ações de controle abstrato (ADCs 43 e 44) nas quais essa temática é discutida. Em outubro de 2016, o Tribunal julgou a liminar nas ADCs 43 e 44, reafirmando o entendimento quanto à possibilidade de execu-

ção provisória da pena, mas o mérito da ação ainda está pendente de análise. Desde que seu relator, Marco Aurélio, liberou a ação para julgamento, em dez. 2017, teve início uma grande pressão para que a presidente Cármen Lúcia pautasse a questão. Após prolongada resistência, a presidente optou por pautar o habeas corpus que tinha por pano de fundo a prisão do ex-presidente Lula em vez das ações declaratórias de constitucionalidade.

42. Konrad Hesse, *Escritos de derecho constitucional*. Madri: Centro de Estudios Constitucionales, 1983.

43. Relatório ICJ Brasil — Índice de Confiança na Justiça Brasileira. Fundação Getulio Vargas — FGV Direito SP, 2017. Disponível em: <http://direitosp.fgv.br/sites/direitosp.fgv.br/files/arquivos/relatorio_icj_1sem2017.pdf>. Acesso em: 6 ago. 2018.

1ª EDIÇÃO [2018] 2 reimpressões

ESTA OBRA FOI COMPOSTA EM MINION PELO ACQUA ESTÚDIO E
IMPRESSA PELA GRÁFICA PAYM EM OFSETE SOBRE PAPEL PÓLEN DA
SUZANO S.A. PARA A EDITORA SCHWARCZ EM SETEMBRO DE 2025

A marca FSC® é a garantia de que a madeira utilizada na fabricação do papel deste livro provém de florestas que foram gerenciadas de maneira ambientalmente correta, socialmente justa e economicamente viável, além de outras fontes de origem controlada.